insel taschenbuch 1700

Muschg

Goethe als Emigrant

Die Behauptung von Goethes Universalität ist in einem lebenswichtigen Gebiet eher folgenlos geblieben: bei den Umgangsformen mit der »Umwelt«, die für ihn einfach »Welt« heißen durfte. Muschg zeigt, daß die Weltliteratur, die dazugehört, ebenfalls keine nur literarische Sache ist. In Goethes naturwissenschaftlichen Schriften steckt so etwas wie ein Knigge der rechten Objektivität, die für Goethe ohne das hinreichend sinnliche und taktvolle Subjekt nicht vorstellbar war. Muschg macht den Klassiker nicht zum »Grünen«, aber er entdeckt bei ihm Anleitungen zum Knüpfen jenes Netzes, aus dem unsere Zivilisation endgültig herauszufallen droht.

Adolf Muschg

Goethe als Emigrant

Auf der Suche nach dem Grünen bei einem alten Dichter

Insel Verlag

Umschlagabbildung:
Goethe, Optisches Kartenspiel, 1791
Beilage zum ersten Stück
der »Beiträge zur Optik«. Ausschnitt.
Stiftung Weimarer Klassik / Goethe-Nationalmuseum

insel taschenbuch 1700
Erste Auflage 1996
Insel Verlag Frankfurt am Main und Leipzig 1996

Vertrieb durch den Suhrkamp Taschenbuch Verlag
Umschlag nach Entwürfen von Willy Fleckhaus
Satz: Typo Forum, Singhofen
Druck: Nomos Verlagsgesellschaft, Baden-Baden
Printed in Germany

1 2 3 4 5 6 – 01 00 99 98 97 96

Inhalt

Erfahrene Hoffnung – ein Vorwort

Diese Arbeiten, geschrieben zwischen 1968 und 1985, zeigen das Bedürfnis nach Auseinandersetzung mit Goethe unterwegs zur Liebeserklärung. Das ist selbst so etwas wie eine »klassische« Entwicklung – ungefähr die, vor der ich mich vor zwanzig Jahren sicher glaubte. Goethe-Kult als Ersatz für gelebtes Leben, als Schmerzmittel gegen den Stachel der Zeitgenossenschaft, als Abschied vom kritischen Bewußtsein: das hatte mir noch gefehlt. Es war nur als Pflichtvergessenheit vorstellbar.

Was die Pflicht des Intellektuellen war, schien in den sechziger Jahren deutlich wie lange nicht mehr: Demonstration für den sozialen Entwurf, Solidarität mit der linken Utopie, unerbittlich nachgeholte Aufklärung als Ausgang aus selbstverschuldeter Unmündigkeit. Zu solcher Unmündigkeit war man auf der Schule in keinem Namen andächtiger verdammt worden als in dem des Klassikers. Und so konnte man sich den »Ausgang« aus dem spezialisierten, unverbindlichen Kulturbegriff, der »Goethe« hieß, nur als heftigen Abgang denken, als höhnische Abkehr von der Spielwiese gebildeten Privatvergnügens. Ob Goethe die passende Besetzung für das Feindbild Bildungsbürger war; ob dieser real überhaupt noch existierte; ob diejenigen, die wir dafür hielten, die rechten Leute waren, sich auf Goethe zu berufen: mit solchen Finessen durfte sich die Revolte damals nicht aufhalten. Ein Stück Blindheit sah man der strafenden Gerechtigkeit gerne nach; wer die Hände zum

Bildersturm frei haben wollte, durfte sich den Mut dazu nicht von der »falschen Seite« abkaufen lassen. Die Überführung »falscher Seiten« kostete damals so viel Anstrengung des Begriffs, daß man es sich im Überbau, wo es nur noch um Luxus ging, gerne etwas bequemer machte. Man war immerhin so freundlich, Goethe nicht gleich summarisch zu exekutieren; aber wenn es an ihm noch etwas gut zu finden oder gar gutzumachen gab, würde dazu nach dem Umsturz aller Verhältnisse immer noch Zeit sein.

Daß dieses Schattenboxen seinerseits so rasch historisch werden mußte, hatte wohl dies und das mit dem hohen Preis zu tun, den man für das Glück der eigenen Parteilichkeit zu zahlen bereit war. Man war mit der Veränderung der Tatsachen zu exklusiv beschäftigt, um ihnen auch noch ins Auge zu sehen. Etwa der schlichten Tatsache, daß der gehaßte Bildungsbürger eine nahezu ausgestorbene Spezies war, denkbar weit entfernt, das Deutschland nach 1945 zu repräsentieren. Er war schon von den Nazis weniger kompromittiert als in seinen Lebensgrundlagen ausgehungert worden. Daß Goethe in der Ära des Trümmeraufräumens und Wiederaufbaus, des beginnenden Neureichtums einerseits, der sozialistischen Mangelverteilung andererseits eine unverbindliche Redefigur wurde, hatte mit Goethe fast nichts, mit historischem und kulturellem Gedächtnisverlust allerhand zu tun. Von dem, was man das »Bleibende« nannte, war in der Wirklichkeit des geteilten Landes ja kaum etwas geblieben. Die Frankfurter Schule, eine gerettete Insel jüdisch-republikanischer, zugleich ästhetisch-elitärer Intelligenz, gehörte zu den wenigen Erscheinungen in der Bundesrepublik, die noch von bildungsbürgerlichem Gedächtnis zeugten – nicht zuletzt dadurch, daß es sich als verletzter und verletzender Geist zu erkennen gab. Hier war das Ideal einer umfassenden, alle Lebensbereiche ergreifenden Kultur noch virulent genug, um seine Degradierung zur Fassade nicht hinzunehmen. Wenn etwas noch wach war an bildungsbürgerlichem Reflex: hier trat es hervor als Kritik am Bestehenden, als eine Kritik, nicht zuletzt, aus empörtem Geschmack.

Und hier gerade holte sich die linke Empfindlichkeit ihre Argumente, die dann freilich, als sie sich in Pflastersteine verwandelten, ihre Durchschlagskraft verloren. Mit Umsicht, Phantasie und Geduld mag keine Revolte zu machen sein. Aber ganz ohne kann sie nicht gelingen und befestigt am Ende nur das, wogegen sie anrennt. Daß die Haltungen und Vorbehalte, die jene Wörter bezeichnen, für die Veränderung der Gesellschaft kein Luxus sind, hätte man bei Goethe eher lernen können als bei denen, die man an seiner Stelle zu »Klassikern« erhob. Aber was am heftigsten verdrängt wird, holt einen hinterrücks am sichersten ein. Wir erleben seit Jahren, wie die verbotene »Innerlichkeit«, die tabuisierte »Flucht«, die Reaktion in jeder Form zum fast unwiderstehlichen Reiz geworden sind. Er ist nichts anderes als die Irritation von gestern, rehabilitiert in Form der Karikatur – der Exzeß mit umgekehrten Vorzeichen. Wenn es der revolutionäre Geist nicht so abstrakt getrieben hätte: dürfte es jetzt bei der Mystifikation des »organlosen Körpers«, der postmodernen Ratlosigkeit, der schon fast unverhohlenen Rückkehr von Blut und Boden, nicht etwas weniger sein?

Von diesem Prozeß muß einer, der ihn der Spur nach mitgemacht hat, redlicherweise in der Ichform reden. Die früheste Arbeit, die hier abgedruckt ist, hat die Unfreiheit des Anti-Autoritären: eine Goethe-Figur wird aufgebaut zur Autorität (der Anderen), damit sie um so schöner demontiert werden kann. Mit einer Nuance, die damals ebenfalls als milde Provokation gelten konnte: ich reklamierte den Klassiker für das Lustprinzip (»macht Goethe Spaß?«) und vermochte ihm in diesem Punkt immerhin einiges abzugewinnen. Es war deutlich, daß Goethe meinem Distanzbedürfnis noch zu schaffen machen würde. Dafür mußte ich ihn freilich wieder lesen. Ich las ihn mit schulmeisterlichem Auge, als ich »Die Aufgeregten«, nicht gerade ein Hauptwerk und eine gemütlich-herablassende Abfertigung des deutschen Citoyen, für die Bühne bearbeitete. Ich bewies mir und dem Publikum, daß Goethe es sich nicht so leicht hätte machen dürfen. Daß sein milder Spott über die deutsche politische Misere selbst als ein empörendes Kapitel derselben zu betrachten sei. Es war kein allzu kostspieliges Vergnügen, dem Höfling aus Weimar postumen Nachhilfe-Unterricht im Geiste des damals (1970) noch kanonischen Bertolt Brecht zu erteilen. Daß Goethes »Aufgeregte« möglicherweise recht hatten, in Sachen menschlicher Veränderbarkeit nicht ganz so aufgeregt zu sein wie ich; daß das inadäquate Komödien-Muster, das ich geißelte, vielleicht ein schärferes *und* humaneres Licht warf auf das leider notorisch Inadäquate radikaler Veränderungs-Phantasien: diese *Erfahrung* mußten die 68er erst am eigenen Leibe machen, bevor sie sie Goethe zu verzeihen bereit waren. Und am Ende sogar etwas wie Dankbarkeit lernten für seine Gelassenheit.

Denn diese zeigte sich, je mehr ich Goethe las, immer klarer als Ausdruck und Ertrag einer weiter reichenden, einer radikaleren, d.h. an die Wurzeln gehenden Sicht. Der prüfende Blick begegnete einem längst geprüften, was die Haltbarkeit menschlicher Grundsätze, die Gebrechlichkeit des Kultur-Fundaments betraf – auch in seinen Veränderern und Verbesserern. Daß Goethe die Bedingungen unserer Existenz in der »Natur« suchte, in der Verbindung mit ihr fand; daß er unser Fortbestehen als Kultur abhängig machte von einem hinreichenden Kontakt mit *allem* Mitgeschaffenen: das kam dem Zeitgenossen mit jedem Jahr, in dem das Waldsterben fortschritt, Erde, Luft und Wasser stärker belastet, Lebensmittel ungenießbar wurden, weniger als Eskapismus vor, und immer mehr als prophetischer Realismus. Für die Aktualität von Goethes Natur-Weisheit sorgte jener wissenschaftlich-technologische Fortschritt, der sie damals überholt hatte – und dessen gebotene Grenze Goethe schon gesehen hatte, *bevor* es dafür überhaupt keine Grenze mehr zu geben schien. Goethe ist zum Greifen nicht mehr nahe genug: aber vom Begreifen dessen, worum es in seinen naturwissenschaftlichen Schriften ging, sind wir nicht mehr so weit entfernt wie vor hundert Jahren.

Das scheinbar Vereinzelte, Insulare von Goethes Lebensarbeit gibt sich heute als Teil eines Kontinents zu erkennen, der bis unter unsere Füße reicht. Sie ist bereits das Produkt einer Erschütterung – und zugleich ein Zeichen dafür, daß da einer auf den

Zusammenhang, der uns abhanden gekommen ist (bevor er uns als Bedrohung wieder eingeholt hat), immer noch zu bauen wagte: nicht nur ein Monument des Eigensinns, sondern ein Kunstwerk erfahrener Hoffnung.

Trost bei Goethe? Diese Arbeiten finden, daß er Stärkeres und Solideres zu bieten habe: Vertrauen auf das Zeugnis der Sinne, auf ihre Disposition zur Wahrnehmung von Sinn. Begründeten Glauben an das Gestaltungsvermögen des Menschen, der dafür geschaffen ist, sich zu bilden; im Not-Fall: sich zum Rettenden zu bilden. Hoffnung nicht trotz, sondern kraft der Grenzen, die uns gesetzt sind: natürlicher, sozialer, kultureller Grenzen, in denen die Bürgschaft der richtigen *Form* steckt, in der Kunst, in der Technik, im sozialen Verkehr. Ein morphologisch geschulter Optimismus, der entdeckt, daß wir die Prägung durch unsere Umstände nicht zu fürchten haben, sondern uns darin verwirklichen können; daß *nur* Geprägtes, seine Prägung Erfüllendes entwicklungs*fähig* ist. Schließlich: Liebe zum gegenwärtigen Augenblick als Zukunftschance, als gelebte Erinnerung an unsere Herkunft aus einem störbaren, aber auch heilbaren und heilsamen Ganzen. Goethe nannte es »Natur« und durfte es noch für übermächtig halten. Wir haben erfahren, daß es geschont werden muß, damit es uns vor uns selber schützen kann. Von »Umwelt«, dieser Schutzbehauptungs-Phrase immer noch nicht ganz betroffener Zuschauer, sollte jetzt keine Rede mehr sein. Die Rede ist von der einzigen Welt, in der wir leben, mit der wir auf Gedeih und Verderb verbunden sind und deren Schaden, den wir verursacht haben, immer auch unser Schaden ist – und, nach Goethe, bereits einer beschädigten Sicht auf die Gegenstände unseres Interesses entspringt. Und wenn von dieser Einsicht ausreichend die Rede war, bleibt am Ende – womöglich *vor* dem Ende – nichts anderes übrig, als nach ihr zu handeln.

Diesen Goethe habe ich in der Schule, im Studium nicht kennengelernt. Was uns noch nicht nahe genug war, konnte uns auch kein Lehrer nahebringen. Nach der Bescherung, die heute auf dem Tisch liegt, liest man Goethe anders – und braucht, für das bessere Verständnis unserer Lage, durchaus nichts in ihn *hinein*zulesen. Was er in seinen naturwissenschaftlichen Schriften als Ausbeutungsverhalten gegenüber der Natur kritisiert, zeigt er in seinen Dichtungen als menschlichen Beziehungsdefekt auf. Der orientalisierende Reim, den sich Goethe im »Divan« auf private Verhältnisse macht, läßt eine Poetik, eine Stilkunde des hinreichenden Sozialen mitklingen, für die man im 20. Jahrhundert ein neues Ohr hat. Die »Wanderjahre« werden lesbar als Projektstudie gemeinschaftlichen Überlebens, des persönlichen Kulturschutzes unter Bedingungen des Industriezeitalters – aber nicht nur *zu* seinen Bedingungen. Gerade im prononcierten *Kunst*werk finde ich Goethe mit Quellenforschungen zu unserer – inzwischen zur Spitzentechnologie entwickelten – Kontaktarmut beschäftigt; mit der Kultivierung jenes »Dritten«, das der Computer ausschließt, weil er mit ihm nicht mehr rechnen, weil er – selbst in seinen schwindelerregenden Operationen – im Grunde nur auf zwei zählen kann. Im Vielsinnigen, Mehrdeutigen, Ambivalenten und Unschlüssigen, das bei Goethe Kunst *und* Weisheit wird, verbirgt sich ein Menschenrecht, das heute, wie nie zuvor, der Vertretung bedarf. Das Herrschaftsverhältnis, unter das wir die Gegenstände unseres Interesses beugen, ist ein Armutszeugnis: die Sachlichkeit, in deren Namen wir es tun, wird nicht einmal den Sachen gerecht. Was sie an ihnen unterdrückt, um sie zu beherrschen, ist genau das, was sie mit uns verbindet, und das, worin wir ihnen gleichen. So verkürzen wir mit der Geringschätzung unserer Objekte am Ende nur uns selbst, nach dem evangelischen Wort, das auch in der modernen Naturwissenschaft etwas zu suchen hat: was wir den geringsten unserer Brüder tun, das haben wir *uns* getan. Will sagen: auch im Umgang mit *Sachen* gibt es nichts Geringes.

Diese Aufsätze und Reden handeln vom *späten* Goethe. Das Attribut knüpft das Fortgeschrittene seiner Lebenszeit mit dem Fortschreiten unserer Ängste zusammen: es könnte schon *zu* spät sein für eine nicht nur dankbare, sondern tätige Rezeption dieser Erfahrungsarbeit. Man brauchte sich bei Goethe nicht zu »trösten«, wenn man in seinem Geiste handeln könnte. Hier wird versucht, seinem Werk Maximen des Handelns abzugewinnen, die heilsam wirken – nicht nur für die Praxis unseres Gefühls und Geschmacks, sondern auch für die Praxis unserer Industrie. Einzelne Resultate, die Goethes Heil-Kunst glaubte festhalten zu müssen, mögen überholt bleiben. Nicht zu überholen, nicht zu widerlegen ist das Ethos der Verknüpfung, die Rücksicht auf das Ganze, die jede Einzelheit von Goethes Forschungen, auch der literarischen, trägt und beseelt. Darin sind sie offen auf jede Gegenwart, die sich diesen Namen verdienen will; die bei Goethe lesen kann, woher sie kommt, und wissen will, wohin sie geht; wie weit sie gehen kann. Lehrstücke sind Goethes Werke eben darin, daß sie keine Lehre propagieren, sondern eine Haltung am Werk zeigen, die einem Gegenstand Maß zu nehmen und ihm seine Würde zu lassen versteht. Die Botschaft ist so einfach wie folgenreich: daß man recht nur das tut, was man ganz tut, als ganzer, beteiligter Mensch, und im Bewußtsein eines weiteren Ganzen.

Zum »Modernen« dieses Spät-Stils gehört aber auch, daß er sich freigemacht hat von einem formalen Anspruch auf »Vollendung«, ihn gelassen preisgibt zugunsten komplexerer, subtilerer Andeutungen von Zusammenhang. Er suggeriert ihn durch die Selbstverständlichkeit des Fragmentarischen, stellt ihn nicht mehr »abrundend« her wie der klassische Dichter. Er qualifiziert den Empfänger dazu, ihn herzustellen; nicht nur ihn, sondern *sich* dabei zu bilden, seine Phantasie nach Regeln weiterspielen zu lassen, die im geformten Kunstwerk angelegt, aber nicht ausgeführt sind. Er wird eingeladen, das von Goethe Geprägte zur Entwicklung seiner eigenen Form zu verwenden, das Versprechen des literarischen oder naturwissenschaftlichen Versuchs persönlich einzulösen. Die Glaubwürdigkeit dieser Kunst beruht auf ihrer sinnlichen Freude am Möglichen, immer noch, immer wieder Möglichen, mit der sie den Möglichkeitssinn des Lesers anrührt, ansteckt, bewegt.

Glaubwürdig aber heißt bei Goethe: leibhaft. Angesichts der Spaltungsprodukte unserer Zivilisation, den radioaktiven Abfällen ihrer eigenen Gespaltenheit, dürfte die Vermutung nicht mehr weit hergeholt sein – die Goethes Werk zur Gewißheit bestärken kann –, daß der Sinn unserer Veranstaltungen verlorengeht, wenn die Sinne davon ausgeschlossen werden. Die Digitalanzeige ist kein Ersatz für Fingerspitzengefühl, das Labor keiner für die Nase. Was sich vom Körper *fort*entwickelt, hat den Weg verlassen, auf dem es ihn wieder erreichen könnte, und läßt ihn, als heillose Praxis, erst recht unheilbar erscheinen. Dieser gefühlsarme Fortschritt verzichtet, mit der Körpernähe, auch auf die Erfahrung eines jedem »Geist«, jedem Bewußtsein übergeordneten Systems. Die körperlose Forschung hat aufgehört, sich an der höchsten Organisationsform des Lebendigen zu orientieren, die uns greifbar und zum Begreifen aufgegeben ist. Nietzsche hat das abendländisch verkehrte Leib-Geist-Verhältnis mit charakteristischer Schärfe vom Kopf auf die Füße gestellt: »Die prachtvollste Zusammenbindung des vielfachsten Lebens, die Einordnung der höheren und niederen Thätigkeiten, der tausendfältige Gehorsam welcher kein blinder, noch weniger ein mechanischer, sondern ein wählender, kluger, rücksichtsvoller, selbst widerstrebender Gehorsam ist – dieses ganze Phänomen ›Leib‹ ist nach intellectuellem Maaße gemessen unserem Bewußtsein, unserem ›Geist‹, unserem bewußten Denken, Fühlen, Wollen so überlegen, wie die Algebra dem Einmaleins.« Also auch: »nach intellectuellem Maaße gemessen«! Danach hätte sich der »Geist« durch nichts empfindlicher selbst gestraft als durch seine ahnungslose Erhebung über den »Leib«, durch seine ebenso hochmütige wie ängstliche, seine *haltlose* Autonomie-Behauptung. Der »Leib« hätte nicht zum metaphysischen, philosophischen, theologischen Verräter dieses Experiments, oder der Sündenbock für sein Mißlingen, werden müssen, wenn die unauflösbare Körperbindung des »Geistes« oder der »Seele«, statt als Skandal behandelt zu werden, das Wunder hätte bleiben dürfen, das sie ist. In der Grube, die der »Geist« dem Körper schaufeln wollte, ist das Abendland notorisch »untergegangen« und hat doch vom Stolz auf dieses Meisterstück nicht lassen können, bis das Loch tief genug war, um die menschliche Zivilisation möglicherweise nicht mehr nur bildlich zu verschlingen.

Für Goethe war der »Leitfaden des Leibes«, an den Nietzsche den »reinen« Geist wieder anbinden wollte, noch kein demonstratives Programm und schon gar nicht Ausdruck eines »Willens zur Macht«. Er war eine Selbstverständlichkeit, die Grundlage seiner Methode, des morphologischen Blicks. Darum hatte er es auch nicht nötig, den Riß, wie Nietzsche, von der andern Seite zu vertiefen, zu Lasten des »Geistes«: diesen sah er viel eher als eine den »Leib« entwickelnde, von ihm seinerseits entwickelte Essenz des Lebens, eine Formkraft, die zur Metamorphose, zur Steigerung fähig war, stufenweise, aber auf jeder Stufe »glücklich« und »berechtigt«, von der anorganischen Materie bis zur philosophischen. Die Kette reichte vom geordneten Atom bis zu einer Organisation, die des Höchsten fähig war: des Staunens, der Ehrfurcht vor der *ganzen* Schöpfung – und der Freude, an ihr nicht nur physisch teilzuhaben, sondern mit Gefühl und Bewußtsein teilzunehmen. Dieser »Geist« aber ist bescheiden, denn er kennt seine Grenzen nicht nur, er braucht sie: sie erst, als leibhaftige, haben ihn zu dem gemacht, was er ist. Wo dieses leibhaftige Leben »Liebe« heißen darf, wie im »Divan«, darf auch der Geist als »des Lebens Leben« gefeiert werden.

Goethe »grün« zu nennen, ist keine tagespolitische Pointe. Der Mann, der eingestand, er ziehe eine Ungerechtigkeit allemal der Unordnung vor, wäre schwerlich ein Eideshelfer basisdemokratischer Verfahren, kein Bewunderer der Mühe um deren Reinheit – so wenig wie reiner Verfahren überhaupt. Wohl aber hat der Glaube, daß der Mensch in jedem Baum sich selber ehrt, in jedem Tier seinesgleichen begegnet, in Goethe einen bis auf den Zwischenkieferknochen erprobten Zeugen. Daß die Natur nicht für den Entreißdiebstahl geschaffen ist, daß sie ihren Segen an einen schonenden, einen »zarten« Umgang bindet, brauchte ihm nicht erst angesichts der gefährdeten Natur aufzugehen. Die Symmetrie, das Gleichgewicht zwischen Subjekt und Objekt verstand sich für ihn aus dem Bewußtsein der Verwandtschaft, der analogen Bildung, der Bedingtheit durcheinander. Die Anerkennung dieser Symmetrie, die Herstellung dieses Gleichgewichts war für ihn eine Frage der natürlichen Würde und des moralischen Ranges – auch beim »Objekt«.

Die Erschöpfung der »Großen Mutter«, das mögliche Versiegen ihrer Quellen, lag für ihn noch außerhalb des Vorstellbaren. Wir können nur vermuten, wie er darauf reagiert hätte. Aber wir können *sehen*, welchen Umgang mit der Natur er empfiehlt und praktiziert. Wir können *lesen*, welche Formen dieser Umgang in seiner Sprache annimmt. Hier ließ er jene Freiheit, Gleichheit, Brüderlichkeit walten, deren *politischer* Deklaration er mit allem möglichen Mißtrauen begegnete. Hier gefiel es ihm *nicht*, »zu konversieren mit Gescheiten, mit Tyrannen« – ein Faible, das er im Falle Napoleons charakteristischerweise mit dessen Charakter als »Naturereignis« begründete – diesseits aller politischen Sympathie.

Der Politik war er überhaupt nicht grün, und etwas wie grüne Politik wäre für ihn ein noch stärkerer Widerspruch gewesen als der, in den sich heute ihre Vertreter beim Versuch ihrer Realisierung verwickeln. Aber auch Goethes viel zitierte, viel gescholtene Ehrfurcht vor dem Bestehenden hatte kaum politische Gründe. Auf sie darf sich kein Politiker berufen, der sich an der Verschleuderung von Ressourcen beteiligt oder sie mit einem »Sachzwang« decken möchte. Goethe war schon darum kein »Strukturkonservativer«, weil er gesellschaftliche Strukturen, ihres Etiketts ungeachtet, nur daran zu messen pflegte, wieviel kultivierte Natur, wieviel Humanität sie dem Einzelnen erlaubten; denn Humanität war für ihn nichts anderes als Fortsetzung der Natur mit den Mitteln der Zivilisation. In seinen Augen taugte ein System niemals mehr als die Personen, die es trugen. Der organisatorischen Intelligenz des Menschengeschlechts traute er bei weitem weniger zu als seiner sinnlichen. Nicht im Unfug und in den Brüchen der »Weltgeschichte« sah er die wahre Entwicklung am Werk – den stillen Prozeß, der das Individuum zu einem zugleich selbsttätigen und dienenden Glied in der Kette alles Lebendigen macht; zu einem das Ganze weiterführenden Glied.

Daß er die Bedingungen akzeptierte, ja feierte (und als Minister an ihrer Verbesserung mitwirkte), die ihm der historisch lächerlich gewordene Hof eines deutschen Duodezfürsten bot, sollte uns als Teilnehmern eines technologischen und ideologischen Absolutismus nicht mehr so viel Entrüstung wert sein. Für Goethe kam alles darauf an, daß der kleine Herr, dem er diente, als Person *nicht* lächerlich war; daß er seine natürliche Mitgift (von der Goethe eine hohe Meinung hatte) auf die Entwicklung seines Kleinstaates verwendete – nicht zuletzt dadurch, daß er die Entwicklung seiner Berater nicht behinderte. Mehr war nicht zu haben – und die Wahrheitsliebe verlangt den Zusatz, daß im politisch unansehnlichen Weimar der Goethe-Zeit mehr Freiheit – geistige *und* praktische – verwirklicht war, als heute die Mehrheit der Erdbewohner genießt, auch wenn ihre Freiheiten auf schönem Verfassungspapier verbrieft sein sollten. Was Goethe in Weimar leistete, als Minister, Naturforscher und Dichter, war Pflichterfüllung am Möglichen und am Ende auch ein Stück Verbesserung des Wirklichen. Was wir mit dem fragwürdigen Wort »Deutsche Klassik« bezeichnen, ist denn doch etwas mehr als die Kompensation deutscher Misere. Es ist die Begründung eines Kulturbegriffs, mit dem sich kein real existierendes staatliches System schmücken kann, ohne sich an ihm messen lassen zu müssen. Wir sollten politisch gebrannt genug sein, um in Goethes politischer Indifferenz etwas mehr sehen zu können als eine Schwäche des Charakters. Denn die Stärke, auf die er gesetzt hat, ist gerade in politischen Zwangslagen ein unentbehrliches Lebensmittel. Sie versöhnt nicht mit der Gewalt, und sie lebt länger als sie.

Goethes Werk ist überall eine Schule der Geduld – Ungeduld, auch die hochsinnige, »das scheinbare Einpfählen der scheinbaren Sache« (Kafka), neigt zur Unsachlichkeit gegen Sachen, zur Unmenschlichkeit gegen Menschen. Die Glaubwürdigkeit jedes Ziels steht oder fällt aber mit der Sorgfalt, der Aufmerksamkeit, die jedem einzelnen Schritt zugewendet wird. Man kann sich die Natur-Geschichte nur dann als Weg, als Entwicklung *denken*, wenn man zugleich *sieht*, daß es darauf keine Provisorien gibt; keine einzige Form, die weniger vollkommen wäre, als sie zur schlichten Erhaltung ihres Daseins sein muß. Bevor »Geduld« so etwas wie ein moralisches Prinzip werden konnte, war sie ein ökonomisches, ein lebensnotwendiges. *Die beste mögliche, die möglichst vollkommene Form ist lebensnotwendig*. Auf dieser Naturtatsache beruht die Verpflichtung des Menschen zur Kultur und Humanität.

Über die keineswegs nur äußerliche, ebenfalls »naturgegebene« Gefährdung dieses Bildungswerks brauchte Goethe nicht belehrt zu werden. Die Gefährlichkeit und Selbst-Gefährdung des menschlichen Tiers – bei bestem sittlichen Willen – ist ein durchgehendes Thema seiner literarischen Arbeit, vom »Werther« bis zum zweiten Teil des »Faust«. Gerade die Naturbindung des Menschen, die vertrauensvoll zu erproben, als Heilmittel zu beanspruchen

Goethes Hauptgeschäft war, empfahl sich keineswegs zu stürmischem Gebrauch. Die Gabe wollte dosiert sein, um nicht wie ein tödliches Gift zu wirken; der Schutz, den die Humanität bei der Natur suchte, war weder zuverlässig noch absolut. Die »Große Mutter« verschlang auch wieder gern, was sie geboren hatte, am liebsten das Wohlgeratene. Die »Wahlverwandtschaften« sind ein erschütterndes Zeugnis dafür, daß die Elementarkraft der Liebe, sonst ein Rettungsmittel genannt, auf dem natürlichsten Wege zum Ruin menschlicher Verhältnisse führen kann. Es gibt Grenzen für die Domestizierbarkeit der Natur; wo der Mensch zu denken glaubt, lenkt sie ihn noch lange, und Ehrfurcht und Grauen vor ihrem Walten liegen dicht beieinander.

Um so weniger müßig schien es Goethe, die natürliche Quelle unseres Heils zu *fassen* und ihrer Unerschöpflichkeit mit Fassung zu begegnen. Um so dringender fand er die Liebesmüh der Zivilisation, *weil* so viel davon verlorene Mühe ist; kein großartiges, kein pathetisches – ein alltägliches Geschäft. Es ist ausgeschlossen, und es ist nicht wünschbar, den Keim des Schöpferischen seiner Sprengkraft zu berauben. So kommt denn alles darauf an, seine ungeheure (aber wie wir heute wissen: doch nicht unbegrenzte) Energie weder blind zu verehren noch blindlings auszubeuten, sondern sehend zu erziehen und dankbar zu nutzen; zu erziehen zur Stetigkeit, dem physikalischen Korrelat der Geduld.

Aber die Erziehbarkeit des »Dämonischen« bleibt an seine Anerkennung gebunden. Und diese wiederum stimmt – um der Vernunft willen – skeptisch gegen den Optimismus der Rationalität und ungeduldig gegen den Glauben an die sprunghafte Änderbarkeit des Menschen. Es soll nicht geleugnet werden, daß für Goethe die Ehrfurcht solider war als die Revolution. Der Respekt vor dem Walten der Natur wollte nur eine Grenze kennen: diejenige, die sie durch ihre eigene Form bestimmt; die sie annimmt, um ihren Stoffwechsel in jenem ebenso beweglichen wie labilen Gleichgewicht zu halten, das wir »Leben« nennen. *Menschlich* sein hieß für ihn, das Entwicklungsgesetz, das er in diesen Formen beobachtete, aufzunehmen, sich zu eigen zu machen als »Charakter« genannte Form der Person und schließlich zu steigern über das Persönlich-Charakteristische hinaus zur Wahrnehmung eines Allgemeinsten, für das er den Namen lieber schuldig blieb, solange es sich im *Konkreten* so viel glaub-würdiger, frömmer manifestierte. Daß er bei diesem Bestreben den Körper der Natur verließ, fürchtete er keinen Augenblick. Im Gegenteil: er vertraute darauf, eben so, nur so ihrem eigenen geheimnisvollen Entwicklungsbedürfnis zu genügen und ihrer großen Geschichte ein ihrer würdiges Kapitel beizufügen. Die eigene Lebendigkeit mit Hilfe ihrer polaren – nicht dualistischen – Struktur zu steigern, sie anzuschließen an die Vorgänger, die Mitlebenden und Nachgeborenen: das war *gelebte* Naturforschung, ein Engagement, das er der Mühe wert fand, und für ein einziges Menschenleben: der Mühe genug. Diese Arbeit ist mit Händen zu greifen in jedem Zeugnis, das er hinterlassen hat: es dürfen nur keine schnellfertigen Hände sein. Sie zeugt, diese Arbeit, von viel Angst und nicht weniger Lebensmut

(Todesmut habe ich dafür an keiner Stelle gefunden); sie zeugt – daher Goethes Ruhm – von sehr viel Kunst. Aber wo diese am vollkommensten ist, läßt sie ihren alltäglichen Grund aufscheinen, der seinerseits keiner Begründung mehr bedarf, weil seine Folgen sie ausreichend liefern: da zeigt sie sich als Lebens-Kunst, über jeden Ruhm erhaben und keines bedürftig, sondern einladend zur Mitarbeit, zur Tätigkeit, zum Ziehen persönlicher (und natürlich auch politischer) Konsequenzen.

Anläßlich einer Umfrage nach Goethes Gedichten

[1982]

Man konnte sie kommen sehen, diese fünf Gedichte. Man hätte sie der Stadt Frankfurt, ihrer Johann Wolfgang Goethe-Universität und dem Insel Verlag so, oder fast so, voraussagen können: ein bekanntes Gedicht ist immer ein gutes Gedicht. Wozu dann der Aufwand mit dem Computer und all die Liebesmüh? Nur um zu erfahren, was wir schon wissen: daß »Mein Goethe«, der gesucht war, jedermanns Goethe ist?

Liebe weiß nichts von Statistik. Es gibt kein statistisch geliebtes Gedicht, auch nicht ihrer fünf oder hundert. Die Stimmen für Goethe, die hier gezählt wurden, sind nicht gewogen worden – das haben sie mit jeder politischen Wahl gemein. Immerhin: daß es 1300 Gedichte waren, die Schüler, Studenten, Hausfrauen, Buchhändler, Bibliothekare, Lehrer – in dieser Reihenfolge, um auch hier der Statistik zu genügen – als ihre liebsten bezeichneten, beweist eine überraschende Ausbreitung auch des nicht populären Goethe, deutet also auf persönliche Entdeckerfreude und Eigensinn der Leser – auf all das, was wir nicht messen können und worauf gerade hier alles ankommt. Wir kennen die Gelegenheiten nicht, bei denen dem Tankwart in Hildesheim, dem Rentner in Itzehoe, dem Professor in Regensburg Goethes Mond aufgegangen ist – der frühe, der »Busch und Tal still mit Nebelglanz« füllte, oder der späte, chinesisch-deutsche »in schlanker Weiden Haargezweige«. Und solche Gelegenheiten nicht kennen, heißt gerade bei diesem Dichter: gar nichts wissen. Denn bei ihm selbst war die einmalige Situation das Element der Schöpfung; sie war sogar die Basis seiner Naturwissenschaft.

Angenommen also – und wir haben Grund zu dieser Annahme –, die Umfrage habe zwischen einem Autor und 25 000 Lesern etwas in Bewegung gebracht, so zeigt gerade unsere Hit-Parade diesen Prozeß nicht an. In der Summierung verschwindet der Sachverhalt, an dem Kultur gemessen wird. Natürlich müßte die Einigung auf Goethe eine Sache täglicher Zivilisation, nicht eine Größe der Statistik sein. Natürlich sagen fünf oder auch fünfhundert geläufige Gedichte weniger aus über Goethes Anwesenheit unter den Deutschen als eine einzige Geste der Lebensart. Aus 25 000mal »Mein Goethe« soll kein Schulmeister der Nation mehr »unsern Goethe« fabrizieren dürfen – auch kein Computer. Was hier getrieben wurde, ist ein Spiel – immerhin, ein Gesellschafts-Spiel war es schon. Gefragt wurde nicht nach der Seele oder gar nach dem Gewissen einer Kultur, aber doch nach ihrem Gedächtnis. Gefragt war auch, ob die Schule, der Deutschunterricht ihre Pflicht getan haben.

Ihre Pflicht. Ich weiß, es wäre heute festlicher und klassischer, von Neigung reden zu können; ich weiß nur nicht, ob es ehrlich wäre. Goethe Schülern nahezubringen, ist weniger dankbar und weniger einfach, als Waschmittel zu verkaufen. Die einzig wirksame Werbestrategie, die dazu gehört, heißt Überzeugungskraft. Nicht gleich die des Dichters; zuerst die des Lehrers. Er muß die Schüler von sich selbst überzeugt haben, bevor sie ihm etwas von Goethe abnehmen. Das hat zwar mit einem Lieblingswort Goethes zu tun – »Persönlichkeit« –, aber wer eine ist, wird das Wort nicht nötig haben. An unsern Schulen ist der Literaturunterricht etwas untergegangen. Aus respektabler Angst vor der Klassikerbüste mit den leeren Augen, vor bildungsbürgerlicher Autorität und elitärem Feinsinn hat man sich respektablen Mut zu Reformen gemacht, die von der alten, oft mißbrauchten Deutschstunde nicht viel übrig ließen. Aus dem Gedicht wurde eine Textsorte, aus der schönen Literatur eine kritische Diskussion. Die Entrümpelung durfte ja nicht weniger Methode haben als der Wahnsinn vorher. Erbarmen mit unsern Gefühlen, Nachsicht mit unserem Spieltrieb war in dieser radikalen Schule freilich nicht zu lernen. Kunst blieb immer noch das Gegenteil von gut gemeint. Und als die Räume ein bißchen leer und kahl wirkten, die wir menschlicher hatten bewohnen wollen, als es der soziale Mut wieder mit der privaten Angst zu tun bekam, waren die Dichter nicht mehr so leicht zitierbar. Goethe, zum Beispiel, nahm sich auf der Tabula rasa ziemlich surrealistisch aus. Trost bei Goethe? 1945 vielleicht, 1949 – aber 1982?

Etwas unheimlich ist es schon, wenn man sich die fünf meistgetippten Gedichte Goethes anhört. Glauben Sie, es wären vor dreißig Jahren ganz andere herausgekommen? Oder 1939? Oder 1918, oder 1900? »Über allen Gipfeln ist Ruh« – ich möchte wetten, das wäre schon vor hundert Jahren Nr. 1 gewesen.

Weil das Bleibende eben das Bleibende ist? Oder weil das Verhältnis der Nation zu ihrem Klassiker sich in zwei Weltkriegen und trotz der Teilung in zwei Staaten nicht bewegt hat; weil der statistische Leser mit dem wirklichen Goethe keinen Schritt weitergegangen ist? Was heißt es, daß unsere Kultur ihr größtes literarisches Talent lieber begraben als genützt hat? Wenn wir dem Computer trauen dürften, so könnte der Lyriker Goethe, der den meisten der liebste ist, schon vor 1800 gestorben sein. Vom »Zauberlehrling« abgesehen, diesem Musterstück aus Schillers Balladenwettbewerb, sind die ersten fünf Gedichte sogar alle vor 1782 entstanden. Der Umfragen-Goethe ist wenig über dreißig Jahre alt geworden. Viel Sturm und Drang und erst ein bißchen weise, dank Frau von Stein und ad usum delphini. Keine Midlife-Crisis, schon gar kein Altersstil. Der ist dafür – Sie werden es hören – die Domäne der Experten.

So spricht der Computer, spricht ein summarisches, also falsches Urteil und lügt doch nicht ganz. Natürlich kriegt er unter 25 000 die Liebhaber des West-östlichen Divans oder der Dornburger Gedichte nicht zu fassen. Und er hat doch recht, wenn er diesen offenbaren Geheimnissen keine Verbreitung zugesteht; es ist wahr, daß sie dafür nicht geschaffen sind, sondern zur Sammlung Einzelner, Vereinzelter. Elitär? Ich sage lieber: schade um die literarische, um die öffentliche, die alltägliche Kultur, daß sie mit dem späten, dem schwierigen Goethe nicht vertraut werden durfte. Sie hätte an ihm nicht nur Selbstkritik, auch Selbstvertrauen lernen können. Daß uns der naturwissenschaftliche, der polemische, der politische, der erotische Goethe für den Hausgebrauch fehlt, ist eine Tatsache – und es ist wohl wirklich ein Versäumnis der Schule.

Aber ein Fall für kulturellen Hochmut ist es nicht. Hätten wir nur diese fünf Gedichte des jüngeren Goethe, die der Computer zu Rennern gemacht hat, obwohl die Titel vielleicht zögernd, zweifelnd hingeschrieben wurden und vielleicht nur selten an erster Stelle –; bliebe vom Deutschunterricht nur das übrig, was man von Goethe auswendig lernen mußte, was Schubert vertont, ein Witzbold parodiert, ein Festredner Schiller zugeschrieben hat – es wäre nicht das Ende der Kultur, sondern noch immer eine Erinnerung an sie. Es wäre nichts Ganzes, aber es wäre noch viel Ganzes daran. »Über allen Gipfeln ist Ruh« – wer das im Kopf hat, dem können sich zur rechten Stunde die Sinne öffnen für einen neuen Sinn des Allbekannten. Da wird doch in einem einzigen Atemzug eine ganze Naturgeschichte beschworen: von der Geologie – den »Gipfeln« – über die »Wipfel« – Botanik, zu den Vögeln und schließlich zum Menschen – und zwar einem Menschen in der Du-Form. Die Ruhe, zu der das Gedicht bittet, klingt wie ein letztes Wort – aber da die Schöpfung am siebten Tag nicht stillgestanden ist, kann, wer weiter hören will, ihre Geschichte bei Goethe weiterlesen, zum Beispiel in den Lehrgedichten von der Metamorphose der Pflanzen und der Tiere. Das hört sich dann wie Naturwissenschaft an, aber ihre Informationen sind auch hier von der Vers-Form nicht zu trennen. Und auch hier eröffnet sie ihren Sinn einem Du: daß die Schöpfungsgeschichte einer Geliebten erzählt wird, enthält schließlich die Aussicht auf Fortsetzung. Also: eine Schule der Beziehungen, der zureichenden Umgangsform mit der Natur und der Menschen miteinander. Ein aktueller Goethe. Oder nehmen wir den vielgeplagten »Erlkönig« – wie beginnt man, Nacht und Wind zu spüren, wenn einem aufgeht, was da läuft: daß ein Vater seinen Sohn kaputtmacht, indem er ihm seine Gefühle auszureden und durch ahnungslose Rationalisierungen zuzudecken sucht. Damals handelte das Gedicht von der *drohenden* Natur; heute hören wir die Stimme der *bedrohten* Natur darin: wer die Gefahr so hartnäckig leugnet und bagatellisiert, der tötet nicht nur, der hat schon die Natur in sich selbst zum Schweigen gebracht. Oder der »Zauberlehrling«, die Nr. 5 unserer Bestenliste, die man sich wiederzuhören schämt: machen Sie die Probe und lesen Sie's als Kommentar zur Nachrüstungsdiskussion oder durch die Brille von Dr. Freuds Traumdeutung: Sie werden, je nachdem, zu einem erschreckenden oder erheiternden Klartext kommen. Es gelingt nicht lebenslänglich, Goethes Gedichte totzusagen oder totzudreschen, nicht einmal die fünf bekanntesten. Man braucht nur ein wenig wach zu sein, dann leben sie auf. Man kann sie nicht auswendig lernen, ohne sie eines Tages inwendig zu können, denn es sind Beziehungskunstwerke, fabelhafte Angebote zur Partnerschaft. Sie vertragen die Rebellion gegen schulmäßige Deutungen nicht nur, sie spielen mit; sie machen Mut zu fast jedem Gefühl, auch zu dem, das »von Menschen nicht gewußt oder nicht bedacht« in der Nacht wandelt: Depression, Unlust, Verzweiflung. Das Labyrinth der Brust wird nicht aufgeklärt, aber wohnlicher in Goethes Gedicht. Es läßt Raum zum Atmen, und der Atem wird Sprache, Mitteilung unter Brüdern (und Schwestern). Wer da eigentlich redet in diesem Gedicht »An den Mond«, Mann oder Frau, bleibt ziemlich dunkel; deutlich wird nur: zusammen ist das Dunkel zu ertragen. Goethe wird noch deutlicher: es ist zu genießen. Dahin geht es bei ihm immer hinaus: ins Vertrauen auf die Sinne, die sinnliche Erfahrung, die Zusammengehörigkeit der gelebten Welt. Jedes Gedicht Goethes läßt im Text eine Melodie mitlaufen, die davon redet, wie wir leben könnten, wenn wir zu leben wüßten. Hier finde ich, was unserer Zivilisation heute am meisten fehlt: Hautnähe und Kontakt, Sozialisation durch hinreichende Wahrnehmung: die gibt es nur mit dem andern, miteinander. Wahrnehmung: das Fremdwort dafür heißt Ästhetik. Elitär? Lebensrettend.

Ich möchte Goethe nicht über den Leisten unserer gerade aktuellen Bedürfnisse schlagen, auf einen dichtenden Sozialhelfer reduzieren, als verkannten Wohltäter verkaufen. Unsere Echten Bedürfnisse in Ehren: aber es gibt solche, die wir nur durch die Dichtung kennenlernen und die trotzdem kein Luxus sind. Auch im Verkehr mit Goethe gilt, daß wirkliche Wahrnehmung nicht ohne wirkliche Neugier zu haben ist; und nicht ohne Bereitschaft zur Befremdung. Die von sogenannten Experten bevorzugten Gedichte stammen alle vom alten Goethe; einem, der gelernt hat, was Leben kostet. Der Flammentod in »Selige Sehnsucht« mag ein altes Motiv sein – eine bloße Metapher ist er nicht. Was sich hier auftut, pflegen wir eher bedrohlich als »selig« zu nennen: die

Vernichtung aller lieben Gewohnheit, nur nicht der Liebe selbst – denn sie ist keine Gewohnheit, sondern die Quelle der Wiedergeburt. So meiden diese Gedichte auch die gewohnte Ästhetik – nicht aus Alterswillkür, sondern aus Gelassenheit und Schöpfungsfreude. Goethes sogenannter Altersstil ist erfrischend im unvertrauten und ungeheuren Sinn des Wortes: der Mensch, der liebt, hat nichts zu fürchten, wenn er untergeht. Goethes Todesfurcht ist notorisch: aber mächtiger war das Vergnügen, Schillers Schädel und damit den Beweis in der Hand zu halten, daß die Natur auch im Tode den Gedanken ihrer Entwicklung konserviert. Ich kenne kein größeres Memento vivere in unserer Sprache. Das wäre ein Klassikerdenkmal: Goethe, der schon im »Wilhelm Meister« den Hamlet gespielt hatte, mit Schillers Schädel in der Hand – der kein Yorick, aber ein großer Spieler war; und was für ein Gegenspieler! Auch an diesem Kopf, der erhabener Ideen fähig gewesen war, muß zwanzig Jahre nach seinem Tod noch der Zwischenkieferknochen übrig und nachzuweisen gewesen sein: das brüderliche Zeichen der Natur, daß, im Leben oder Tod, alles mit allem verbunden bleibt; das Leitfossil für die Tiefe unserer Herkunft – und das Versprechen, daß wir nicht aufhören müssen, uns zu entwickeln.

Goethe: Die Kultur als Ausnahme?

[1982]

Goethe der Einzige; Goethe das Beispiel.

Was denn nun? Der beispielhafte Mensch richtet sich an eine definierbare Gesellschaft und setzt eine voraus. Er verkörpert eine Norm, an ihrer verklärten obern Grenze, gewiß – aber er verkörpert sie. Er läßt sich vergleichen und fordert auf zum Vergleich; seine Leistung, und damit seine Größe, ist meßbar. – Der Einzige aber steht, jenseits oder abseits der Norm, nur für sich selbst.

Wenn sich die Nebelwand der Superlative teilt, läßt sie ein Stück Wahrheit durchblicken; es ist eine widersprüchliche und bedenkliche Wahrheit. Leider ist es wahr, daß Goethe einzig dasteht in einer Kultur, die, anders als die englische oder französische, keine gesellschaftliche, keine öffentliche Kultur mehr war, sondern eine private Leistung Vereinzelter. Goethes Leben und Werk einen Glücksfall zu nennen, ist nur auf dem Hintergrund deutscher Misere möglich und also nicht erlaubt. Er war begünstigt, das war sein Glück. Begünstigt durch seine Herkunft aus dem Patriziat der Freien Reichsstadt Frankfurt, deren bürgerliche Traditionen den Niedergang des Dreißigjährigen Krieges überdauert hatten. Begünstigt durch das Selbstvertrauen einer Mutter, die den Reichtum ihrer Natur nicht hatte verkümmern lassen müssen; durch eine Erziehung zur Sympathie, die ihn Freunde finden und an Freundschaft glauben ließ. Daß er Wurzeln hatte, erlaubte ihm Bewegung; er konnte mit Krisen umgehen, denn er hatte weniger als andere um seine Identität fürchten gelernt und brauchte darum ihre Verwandlung nicht zu fürchten. Wahrlich kein Normalfall deutscher Sozialisation. Der Sohn aus gutem Haus, der 1775 sein klassisches Weimarer Domizil bezog, hatte sich nicht im Verdacht, ein Fürstenknecht zu sein; er blieb (beinahe) frei aufzubrechen, wohin er wollte. Ein solcher Gebrauch der eigenen Kraft kam minder Begünstigten wie ein Naturereignis vor. In ihm konnten sie lieben – wenn es ihnen die Selbstüberwindung erlaubte –, was sie am meisten entbehrten. Schon in Schillers theoretischen Schriften steht Goethe als die Ausnahme da: ihr Glanz aber beruht eben darauf, daß sich von ihr keine Brücke schlagen läßt zur Tristesse der Regel. Die vergötterte Erscheinung kann keine gesellige sein: zu dieser gehörte die korrespondierende Entwicklung eines äußeren Ganzen.

Aber hat Goethe nicht eben dies geleistet: die Entwicklung eines Ganzen, und beruht nicht eben darauf das Beispiel- und Musterhafte? Es ist wahr: er hat, durch sein Leben nicht minder als durch sein Werk, ein kulturelles Maß gesetzt, dessen Natürlichkeit im Wortsinn bestechend ist. Es vermag über seinen Ausnahme-Charakter zu täuschen, mit der eigenen Leistung zu spielen, ja ihrer zu spotten. Die Krisen seines Lebens sind nicht zu nennen, die Brüche des Werks nicht zu zählen (aber wie eifrig sind sie genannt und gezählt worden) – zusammengesehen suggerieren sie den Schein – die *Möglichkeit* – einer ganzen Existenz; zusammenwirkend machen sie Sinn. Sie machen Sinn und öffnen die Sinne. Man kann von Goethe keine Zeile lesen, und wäre es die nachlässigste; man kann keinen Zug seiner Physiognomie betrachten, ohne erschüttert und gerührt zu sein: erschüttert über die historische Unwahrscheinlichkeit des Gelingens; gerührt von der Sorglosigkeit, die er – so scheint es – dabei walten ließ. Eine geglückte Existenz? Doch wohl nach keinem bekannten Maßstab, wenn man nicht unterschlagen und schönen will. Wieviel Treulosigkeit oder schwer erträgliche Diplomatie im Verkehr mit Menschen, wieviel Pedanterie im Umgang mit Sachen; wieviel Abwehr und Fluchtverhalten vor starken Gefühlen und humaner Zumutung; welche Schlafsucht in Situationen der Entscheidung; wieviel offene Todes- und also verheimlichte Lebensangst! Und das Werk, von der Lebensarbeit weniger abzulösen als bei jedem andern: voller Idiosynkrasien und Manierismen, voller Privatheiten, deren Mitteilung pompös wirkt – wirken müßte, wäre da nicht soviel unwillkürliche Anmut in der Selbstbehauptung, ruhige Sicherheit in der Richtigstellung unsicherer Verhältnisse, ein Maß des persönlich Plausiblen, dessen Vertraulichkeit, ja Zutraulichkeit den Leser einnimmt und seinen Widerstand überspielt, als könnte es gar nicht anders sein. Goethes Gestus, nicht – oder nicht immer – seine Themen, machen uns die Täuschung weis und wahr, hier rede ein Klassiker aus der gesammelten Weisheit von Generationen und auf dem gesicherten Boden einer allgemeinen Kultur.

Aber es ist Einzelarbeit, und ihr Boden ist das hohe Seil. Was Goethe darauf Fuß vor Fuß zu setzen erlaubt, als wäre es sicherer Boden, ist ein phänomenaler Gleichgewichtssinn; in diesem delikaten und zerbrechlichen Organ sitzt sie, diese ganze Kultur. Und nur an den Stellen, wo der Schritt unsicher, der Abgrund unter ihm fühlbar wird, wird es auch die Leistung. Dieser Mensch stützt sich auf keine Kultur; er bringt eine hervor. Die schöpferische Goethe-Rezeption, von Schiller bis über Thomas Mann hinaus, hat sich an diesem Schauspiel erregt und war nie weit von der Feststellung, daß es eigentlich nicht sein kann oder gar: nicht sein darf; daß so viel Ausnahme bei so wenig Regel moralisch unerlaubt, ästhetisch unhaltbar sei. Regelsüchtige können Goethe nicht lieben, ohne an ihm zu leiden. Das Zähneknirschen der Schulmeister war nie zu überhören, wenn sie diesen Menschen ihren Schülern zur Andacht empfahlen, ohne seinen Lebenswandel empfehlen zu dürfen. Seine Lieben waren zum Auswendiglernen, aber nicht zur Nachfolge bestimmt. So hat Goethe der Kultur, die sich auf ihn berief, immer einen merkwürdigen Kraftakt zugemutet und die Pfäfflein aller Provenienz dazu verführt, in seinem Namen Schwarze Messen gegen ihre Überzeugungen zu lesen, ein Mißtrauensvotum gegen ihre Lebensmühe zu unterschreiben. Daß auch die Größten der von Goethe Betroffenen bestätigten, ihnen bleibe dem Vortrefflichen gegenüber »keine Freiheit als die Liebe«, war eigentlich Hexerei – weil es so überaus natürlich schien.

»Vortrefflich« ist aber kein Wort für Naturereignisse: vortreffliche Bäume gibt es sowenig wie vortreffliche Erdbeben. Es gibt nur vortreffliche Arbeit. Daß einem Menschen Leben und Werk gelingen – oder sein Gelingen natürlich erscheinen läßt – ist

Arbeit, die Arbeit eines Einzelnen; und als Gnade kann sie nur wirken, weil man ihr das Schwere nicht anmerkt, falsch: weil das Schwere daran nicht schwer geblieben ist. Kunst habe es mit dem »Schweren und Guten« zu tun, so sein eigenes Wort. Aber sie beläßt es nicht dabei; sie macht das Schwere gut – sie heitert es auf, bis die Frage nach dem moralisch Guten so unhaltbar wird wie die nach dem Gegenteil. Das Notwendige läßt die Not vergessen, aus der es geboren war, und nimmt die Freiheit des Spiels an – ohne ganz zu verbergen (daher die Erschütterung, die Rührung), daß es ein *angenommenes* Spiel ist. Angenommen im zweifachen Sinn: der Spieler macht es sich vor, und er macht es sich ganz zu eigen. »Sehr ernste Scherze« hat Goethe den »Faust« genannt, das lebenslängliche Hauptwerk, dessen später Abschluß von seiner Nicht-Schlüssigkeit nicht zu trennen ist; ein von Vers zu Vers *zwangloses* Werk, das den Erdenrest, den es mitführt, unbefangen »peinlich« nennen darf. Der Widerstand gegen jede Vollendung, die nur ironisch gegeben, der Himmelskönigin zu weiteren Metamorphosen anvertraut werden kann, leidet es nicht, überspielt zu werden. Aber er wird zum Mitspielen verführt wie der Teufel an Fausts Grab, sinnlich entzückt gegen seinen Willen. Dieser zur Teilnahme erzogene, aber ungelöste Widerspruch ist kein Fall für Verklärung. Aber für Erheiterung. Das Schöne sei nichts als des Schrecklichen Anfang – an seinem Ende steht das Heitere, die Erhellung der Konfliktstoffe im Spiel, das sie nicht aufgehen, sondern mitwirken heißt. Die Kunst als Tao –

in dem denn auch der Widerspruch zwischen Goethe

dem Einzigen und Goethe dem Beispiel zu lösen wäre; lösbar nicht wie ein logisches Rätsel, sondern körperlich loszulassen wie ein Krampf im Bein oder ein überständiges Hindernis im Bewußtsein. Goethes Beispiel kann nur dann Schule machen, wenn es keine Schüler macht. Wer es sich zu Herzen genommen hat, eröffnet sein eigenes Spiel, oder er hat den Meister nicht verstanden. Es ist die alte Zen-Geschichte von Guteis Finger. Der Meister liebte es, seine Belehrung mit erhobenem Finger zu begleiten, das war sein Tick und sein Markenzeichen. Eines Tages sieht er seinen liebsten Schüler ein Gleiches tun. Gutei springt herzu und schneidet dem Jungen seinen erhobenen Finger ab. Und als der in Schock und Schmerz erstarrt, hebt der Meister langsam seinen Finger. In diesem Augenblick wird der Schüler erleuchtet: jetzt ist er kein Schüler mehr. In Goethes Sprache: »Drum sei ein Mann und folge mir nicht nach.« Das ist mehr als die Bitte, sich von Werther nicht in den Selbstmord – gelbe Hose, blauer Frack – locken zu lassen. Ich höre darin das Verbot vor Nachahmung überhaupt und die Anstiftung zum Eigensinn (Hesses Lieblingswort). Nur bei Eigensinnigen ist die Freiheit hinreichend aufgehoben – und die gemeinschaftliche Kultur. Das fängt bei der Aufmerksamkeit für das eigene Gesicht an und endet nicht mit der Verweigerung des Kriegsdienstes.

Und was ist mit der Nachahmung der Natur?

So hat sich die abendländische Kunst mit Berufung auf die Antike verstanden: als nachgeahmte Natur. Goethe scheint mir auch darin ein Beispiel (es darf nicht vereinzelt bleiben), daß er diesem Verhältnis einen neuen Sinn gegeben hat. Er macht seinen Zeitgenossen – und seinen Nachgeborenen – einen andern Umgang mit der Natur *vor*. Die »Farbenlehre« – die er für sein wichtigstes Werk hielt – ist ein einziges Kompendium angemessener Verkehrsformen mit der Natur. Die Gegenstände der Erkenntnis sollen (wie das Wort »Erkennen« in seiner alten Bedeutung besagt) Gegenstände der Liebe werden. Dahinter steht das Bewußtsein einer Krise. Solange die Natur übermächtig gewesen war, schien sie der Schonung durch den Menschen nicht zu bedürfen (obwohl schon schamanistische Kulturen es anders wußten). Jetzt aber hat der Fortschritt der Maschinen diesen Überfluß erschöpft. Die unterworfene Natur beginnt zu verstummen. In den Herrschaftstechniken der Naturwissenschaft – für Goethe verkörpert in der Newtonschen Spektralanalyse – spürte er den Angriff auf die Intaktheit der Natur. Und, da auch das erkennende Subjekt Natur ist: die Selbstverkürzung, ja mögliche Selbstzerstörung des Menschen. Wenn die Natur dem Geist, der sie mit Zählen und Rechnen begriff, zu gleichen begann, ging für Goethe eine Welt unter – eine Welt kreatürlicher Verwandtschaft, lebensrettender Beziehungen, lebendiger Entwicklung. Dieser drohende Weltuntergang – der sich für Goethe als magischer Verrat, als Ausscheren aus dem Bündnis der Lebendigen dargestellt hatte – ist heute keine Metapher mehr. Wir können nachrechnen, wenn wir es nicht spüren: daß der Spott über Goethes »Unwissenschaftlichkeit« auf einen Wissenschaftsbegriff zurückfällt, der dazu erzogen wurde, seinen Gegenständen – vom Versuchstier bis zum

Atomkern – Gewalt zu tun. Sein wissenschaftlicher Takt sagte Goethe, daß Gefühl in der Hand sein muß, die nach der Natur greift, und daß nicht jeder Griff erlaubt ist; daß ein ausbeutendes Verhältnis zum Objekt sich rächt in der Verarmung des Subjekts; daß es zwischen beiden Korrespondenzverhältnisse zu entdecken, zu pflegen, ja zu retten gibt. Denn die Beziehung ist gefährdet, und der Beziehungslose ist – mag er auch wissenschaftliche Siege feiern – in Gefahr. Es gilt, die empfindliche Weisheit zu schützen vor der unempfindlichen Wissenschaft. Die Tragweite *dieses* Goethe hat Rudolf Steiner gefühlt; für die Praxis unserer Zivilisation bleibt sie, spät genug, noch zu entdecken. Wir können heute wissen, daß für ihre Lebensfragen lineare Antworten nicht ausreichen. Wir müssen in Netzen, gestaltförmig denken lernen, und wir dürfen unsern Sinnen stärker trauen als unsern Maschinen. Das Subjekt darf sich von ihnen nicht mehr unterschlagen lassen. Die nachbarlich-dilettantische Gefühls- und Naturweisheit, die wir nötig haben, ist bei Goethe vorgebildet; auch durch sie ist er ein Vorbild. Denn »dilettare« hat mit Lieben und Freude zu tun. Bei Goethe kann ich die Fähigkeit ausbilden, das, was ich tue, zu mögen – und nicht mehr alles zu tun, was ich kann.

Es hat Gründe, daß das Interesse an Goethe vital ist; daß schon die Zeitgenossen in seinen Zügen so gebannt gelesen haben wie in seinen Büchern: als wäre in ihnen eine lebenswichtige Wahrheit verzeichnet. Ein Uomo universale in einem Universum, dessen Auflösung, im Zeichen des Fortschritts, auf der historischen Tagesordnung steht; der souveräne und eigensinnige Dilettant mitten im großen Aufbruch der Fachleute; der Repräsentant einer Kultur, die sich nur ironisch repräsentieren läßt, weil sie Postulat oder Utopie, jedenfalls im Sozialen – wohin das Repräsentative gehört – keine Realität ist. Goethes Erscheinung bleibt inkommensurabel, ein Wunder, aber nicht der Natur, sondern pointiert: der Kunst, obwohl diese Kunst wie keine andere natürlich, naturbezogen wirkt: ist also Arbeit und Gnade in denkwürdigem Gleichgewicht. Goethe kann jedem, der zu seinen Zeugnissen greift, wie der Erste Mensch erscheinen, ein neuer Adam, der Dingen und Mitgeschöpfen noch einmal, von frischem, die Namen gibt, die ihnen gehören, und der vom Baum der Erkenntnis etwas Stärkeres pflücken wird als die Gewißheit des Todes und das Bewußtsein von Schuld. Aber das Bild des noch einmal mit dem Ganzen gesegneten Anfangs täuscht, denn es ist selbstgeschaffen, ist Erfahrung *und* Erfindung eines Einzelnen. Keine bekannte Größe unserer Kultur ist so selbsterschaffen wie diese. Und doch täuscht sie wieder nicht; denn in solcher Autonomie, solcher Erfindung kommt nicht nur die Schöpfung zur Sprache, sondern der Schöpfer zum Wort. Das Kunstwerk als Schöpfungsgeheimnis und die Schöpfung als Werk der Kunst: darin ist Goethe nicht nur ursprünglich, darin ist er modern. Dieser Einzelne steht auf der schmalen Höhe zwischen Kulturstiftung – der Arbeit des Herakles – und Vereinzelung: das ist die Lage des Poeten in der Industriegesellschaft. Goethes Werk ist Kulturstiftung in der Vereinzelung und unter ihren Bedingungen; davon, fast nur davon reden seine späten Arbeiten.

Wie schließt sich das obdachlos gewordene Individuum mit seinesgleichen zusammen; wie schließt es sich an das zerstreute Ganze an; wie, mit welchen Mitteln der Kunst, mit welchem Einsatz des Lebens, bildet es ein neues Ganzes? Das ist das Thema der »Wanderjahre«, wo die Bildung zum Ganzen unter den Bedingungen seines Verlusts erforscht wird; die Fundierung des Einzelnen unter den Bedingungen seiner »Auswanderung«, die Heimat unter den Bedingungen der Fremde, die »Meisterschaft« unter den Bedingungen der Arbeitsteiligkeit. »Daß ein Eignes wir suchen, so weit es auch ist« – die Sorge von Goethes Arbeit ist die Produktivität des konkreten Eigenwillens inmitten und gegen zunehmend abstrakte Verhältnisse; die Bewahrung der Sinnlichkeit im Angesicht des Sinnverkehrten; das Leben mit der Lebensbedrohung. Goethes Reisen, die realen – in die Schweiz, den winterlichen Harz, nach Italien oder an den Rhein – und die imaginären nach Persien oder China, sind Expeditionen gegen die Erstarrung *und* Standhalten gegen die Flucht der Zeit. Es sind magische Koloniebildungen, die aus der geschichtlichen Dimension ausgebrochen und in der Vertikale des Ursprünglichen befestigt sind. Sie vermitteln, von Satz zu Satz und Vers zu Vers, ein Repertoire von Bewegung, das dem »berechtigten Mann« – und der berechtigten Frau –, selbst wenn es sich um eine »kleinste Schar« handelt, gemeinschaftlichen Widerstand und persönliche Entwicklung erlaubt gegen den Tod bei lebendigem Leib; das den Sinn für das *Mögliche* wachhält, den möglichen Anfang in jedem *auch* möglichen Ende.

Das ist Goethes Genie: im tiefsten Reiz der Kunst den Anreiz zur Lebenskunst fortzupflanzen. Wenn Kunst symbolisches Handeln ist, so wird bei Goethe die Anweisung zum Handeln einlösbar als Spiel; Spiel um ein *ganzes* Leben. Nicht einem Dichter schulden wir die Aktualität seines Werks, sondern uns selbst.

Goethe der Einzige, der Titan, wie er seiner Zeit erschienen ist; Goethe der Vereinzelte, der moderne Autor, wie er uns erscheint: eine so zweideutige Stellung geht nicht ohne menschliches Zwielicht ab. Kein zweiter deutscher Autor hat so warm und so kalt gewirkt. Der »Egoist in ungewöhnlichem Grade«, der »kein Moment der Ergießung« hat, das »Wesen«, das »die Menschen nicht um sich herum aufkommen lassen« sollen, die »stolze Prüde, der man ein Kind machen muß, um sie vor der Welt zu demütigen« – der elbische All-Ironiker und durchaus unsubtile Ausbeuter seiner Nächsten –: von Schiller bis zu Thomas Mann und Martin Walser hat die eifersüchtige Verehrung nichts verschwiegen, was ihr an Goethe sauer geworden ist und die Andacht vor seiner Erscheinung verbietet. Kein Satz der Liebe, der versuchten Nähe, für den sich nicht aus demselben Mund ein bitterer Gegen-Satz finden ließe; Grillparzer schildert seine zwei Besuche bei Goethe, als wäre er verschiedenen Personen begegnet. Nicht nur für das Ressentiment, auch für das Leiden stellt Goethes Existenz eine Kränkung dar, sein haushälterischer Umgang mit Gefühlen und Beziehungen ein Unrecht an der Wahrheit. Aber an ihrem tiefsten Punkt wollte sich die Kränkung nie halten lassen. Glanz und Schein sind bei

Goethes Leistung nicht zu trennen; aber der Schein lügt nicht, wenn er auf die Nacht verweist, der dieser zart gebildete Olymp abgewonnen und keineswegs enthoben ist, gegen die er – aber im Zeichen der Versöhnung, des gewagtesten Austauschs – jeden Tag befestigt werden muß. Goethes Meisterschaft ist nicht das Produkt einer gesicherten, sondern einer gewagten Existenz. Die Kräfte der Erschütterung, die sie zugleich bedrohen und nähren, vermag der Betrachter am eigenen Leib zu spüren; in der Transformation dieser unentbehrlichen chaotischen Energie besteht die eigentlich kulturbildende Kraft von Goethes Werk. In diesem selbst hat die Ambivalenz der Verehrung ihren Grund; denn auch hier findet sich kein Satz, der nicht nachbebte vom Bewußtsein all dessen, was gegen ihn spricht und zu sprechen fortfährt. Ironie – aber Ironie als Anstiftung zum Schaffen *trotzdem*; Kunst als Entwurf auf eine zweite Natur hin, die wir uns aneignen müssen, nachdem die ursprüngliche Natur uns nicht mehr hält; Trauer-Arbeit also am untergegangenen Urvertrauen als Vorleistung auf eine wohl oder übel selbstgeschaffene Welt, die ihre Quellen rein halten, ihre Dämonen versöhnen lernt.

Goethe traute der Geschichte nie. Sie war kein Träger, von dem er sich den Sinn der menschlichen Existenz hätte verbürgen lassen. Dieser sprang für ihn quer zur Geschichte auf, im Widerstand gegen ihre unheilbare Willkür. Er war zu eröffnen, dieser Sinn, im Testament der Kunst, als einer unerschöpflichen Spielregel für persönliche Lebensarbeit, für das Waltenlassen von Polarität und Steigerung, für die Vermittlung von Freiheit und Ordnung, Oben und Unten, Ursprung und Gegenwart in jedem Augenblick. Und dieser Sinn war chancenlos ohne offene Sinne; ohne die Fähigkeit, sich von der Kunst-Natur von Fall zu Fall neue, lebensrettende Organe aufschließen zu lassen; er hing ganz und gar an der Rettung der Sinnlichkeit. Sie allein lehrt wahrnehmen und im Vertrauen auf die Wahrnehmung handeln. Und von ihr lebt Goethes Kunst bis ins Alterswerk, wo sie sich ins Zeichenhafte zusammenzieht: geballte Energie zur Verwandlung toter Masse in menschliche Bewegung.

Nicht nur in der Geschichte, auch in der Gesellschaft fand Goethe keinen Garanten der Humanität. Er glaubte nicht an die humane Wirksamkeit verbesserter sozialer Maschinen. Um so mehr setzte er seine Kunst daran, das Individuum wandlungsfähig und unveräußerlich zu machen; die allem Natürlichen eingeborene Kompetenz der Entwicklung für den Einzelnen zu retten. Stirb und werde – das ist die Maxime eines neuen Maquis, einer Widerstandsbewegung im Untergrund der Geschichte, die Fühlung mit der mütterlichen Erde behält; die Vaterstelle vertreten kann an jedem bedrohten verwandten Geschöpf und Gebilde. Verbunden sind diese Vereinzelten durch keine Satzung, auch wenn Goethe, von der Turmgesellschaft bis zur Pädagogischen Provinz, immer wieder mit Verfassungen für seine Utopie spielt: das sind Wittgensteinsche Leitern, die abwerfen kann, wer die Mauer der Erfahrung erstiegen hat. Die Erfahrung aber, die die Vereinzelten zu Schwestern und Brüdern, die sie über Land und Meer hinweg zum »Band«

macht, ist die gelernte und durch keinen Sachzwang beirrbare Aufmerksamkeit für das Lebendige um uns und in uns. Hier wird die Kunst Umgangssprache, Umgangsform. Sie fragt nicht nach Warum und Wozu, sie spricht aus dem Wie. In der *Form* sind die möglichen Inhalte der Humanität gespeichert, zugleich fest und offen, notwendig und frei. Was das Kunstwerk ausmacht, macht es zugleich *vor*: es enthält die Utopie des möglichen, vielleicht wieder möglichen Sozialen. Denn Ästhetik hat mit Wahrnehmen zu tun, und zureichende Wahrnehmung gibt es nur für den Anderen.

Die Unveräußerlichkeit des Einzelnen, der Primat der Umgangsform, die Verteidigung der Sinne – das sind keine unpolitischen Maximen im Zeitalter industrieller Weltwirtschaft, das zu Goethes Lebzeiten aufgebrochen ist und dessen Apokalypse wir erleben und vielleicht nicht überleben. Wäre Goethes Lebensarbeit auf eine inhaltliche Position reduzierbar, so würde sie uns nichts helfen. Da sie aber Form ist, das heißt: gesammelte Bewegung, stiftet sie zur Bewegung an und ermutigt dazu. Das »Buch der Freunde«, das im »West-östlichen Divan« vorgesehen war, blieb ungeschrieben: an seine Stelle traten die »Noten und Abhandlungen«, die nicht mehr *über* Freunde reden, sondern den Gestus der Freundschaft verwirklichen, zur Bundesgenossenschaft der räumlich und zeitlich Zerstreuten herausfordern. Es gibt auch keinen dritten »Meister«-Roman, in dem der Name des Helden programmatisch eingelöst würde. Aber die »Wanderjahre« geben, durch offene Behandlung des Kunstwerks, durch Konzentration auf das

Eine, das nottut, die Bedingungen an, unter denen der Dienst am Menschen zu meistern wäre; unter denen die Meisterschaft eine Sache unter Brüdern wird. Es ist der Leser, der halten lernt, was das Buch verspricht. Der »Faust« endet im Himmel – aber die wundervoll-ironische Umstimmung des Dramas zur Oper läßt den Geist ahnen, in dem die Entwicklung zum Menschen auch *ohne* die Gnade des Himmels möglich wäre. Fiktion als Vor-Schein des Guten und Schönen, das wahr nur wird, wenn wir es verwirklichen: das ist keine unverbindliche Größe mehr.

Wir mögen Goethes Einzigkeit, den Ausdruck seiner Vereinzelung, als Glücks- oder Trauerfall betrachten. Behandeln müssen wir sie als unsere Sache. Beispielhaft war er durch die Kultur, die er seiner Vereinzelung, einem leider repräsentativen Befund *unserer* Zivilisation, abgewonnen hat. Ob sie noch einmal Kultur wird, ob sie auch nur zum Überleben reicht, wird daran zu messen sein, was wir aus Goethes vertrauensvoller Zumutung machen – *wie* wir den Mut haben, mit uns selbst zu leben.

»Im Wasser Flamme« – Goethes grüne Wissenschaft

[1984]

Luthers Landsmann und Zeitgenosse, der Humanist und Mineraloge Georgius Agricola, beschreibt in seinem Werk »Ausflüsse aus dem Erdinnern« folgendes Phänomen: Es gebe in Thüringen, bei Tennstädt, einen See, in den man keinen Stein werfen könne, ohne daß dieser bei seinem Versinken eine Art Feuerschein zu werfen scheine. – Dreihundert Jahre später findet ein anderer Naturforscher die Erscheinung bestätigt. Das Gewässer sei »ein Teich mäßiger Größe, welcher nicht durch äußern Zufluß, sondern durch mächtige, in ihm selbst hervorstrebende Quellen seinen immer gleichen Wassergehalt der zunächst daran gebauten Mühle überflüssig liefert«. Die Bewohner rühmten die Klarheit des Wassers bei »unergründlicher Tiefe« und sagten dieser geheimnisvolle Eigenschaften nach. Hier pflegt sich in Sagen und Märchen der Durchgang in eine andere, untere Welt zu öffnen, und die Nahrung, die sie spendet, ist unerschöpflich wie die Große Mutter oder der Heilige Gral. Aber der spätere Naturforscher bemerkt vor allem, »daß um den Teich herum nur weißer Kalkstein liege, und mit solchem ist der Versuch auch nur anzustellen; man wähle einen schwarzen Stein, und nichts von Flammen wird gesehen werden«. »Leider war bei meinem dortigen Sommeraufenthalt 1816 der Teich lange nicht von Wasserpflanzen gereinigt worden, (...) worunter die Chara, welche immer auf Schwefel hindeutet, sich häufig bemerken ließ. Die einzigen reinen Stellen waren die der quellenden Punkte, aber zu weit vom Ufer und zu sehr bewegt, als daß ich das Phänomen jemandem sonst als mir selbst darzustellen vermochte.« Doch hat er es schon 20 Jahre früher unter idealen Bedingungen beobachten und selbst produzieren können, in einem Erdkessel bei Verdun anläßlich einer kriegerischen Expedition. Dort hat er Steingutscherben ins Wasser fallen lassen, »welche an den dunklen Seiten des Kessels sich angenehm flammenartig, und auffallend farbiger, je kleiner sie waren, herabsenkten. Ganze, kaum beschädigte Teller überließ mir die freundliche Feldküche«. Aber der interessierte Leser müsse nur »eine solche reine, ruhige Wassertiefe« vor sich haben – ein jeder Brunnentrog voll klaren Wassers sei hinreichend –, um »diese Erfahrung leicht zum Versuch (zu) erheben. Er gebe solchen Scherben eine ovale Gestalt, durchbohre sie am oberen Teil, befestige sie an einem Faden, diesen an einer Fischerrute und tauche so das helle Bild ins Wasser, lasse es niedersinken und ziehe es wieder heraus, so wird er den flammenden Pfeil nach Belieben verstärken, seine Flammen vermehren und vermindern können«. Was Tennstädt betrifft, so könnte sich dort »der Mühlknappe durch einen immer vorhandenen leichten Apparat (...) manches Trinkgeld von Badegästen und Reisenden verdienen«, vorausgesetzt, ein Naturfreund läßt das Gewässer vorher von Pflanzen reinigen, »wobei er wohl aufachten möge, welche Geschlechter und Arten hier einheimisch sind«.

Wissenschaft oder Liebhaberei, Experiment oder Anekdote? Goethe – Sie haben ihn wohl erraten – bietet Zeugen für *seine* Farbenlehre auf –, die ihm bestätigen sollen, daß es sich um eine natürliche »Farbenlehre«, um das Farben-Leben der Natur selbst handelt, dem er auf der Spur ist. Was sich in Tennstädt bewundern läßt, ist ein erheiterndes Naturgesetz, dessen experimentelle Wiederholbarkeit auch unter weniger idyllischen Bedingungen für seine Richtigkeit bürgt. Und doch nehmen Dinge, die die Wissenschaft für marginal hält, bei diesem Naturforscher sehr viel Raum ein: die Feldküche von Verdun und der Mühlknappe von Tennstädt, die persönliche Situation und Stimmung des Experimentators, Mutmaßungen über Nutzen und Nachteil seines Versuchs, das Entzücken über sein Gelingen. Offenbar gehört die eigene Optik für ihn zur Sache. Es *situiert* seinen Versuch in Zeit, Raum, Gesellschaft. Er referiert nicht nur das Resultat eines Experiments, er erzählt seine Geschichte. Dazu gibt es eine Vorgeschichte. Sie reicht hinter die Kampagne in Frankreich zurück bis zu Agricola. Sie bezieht das gegenwärtige Tennstädt mit ein, von der Mühle bis zum Badetourismus, von der Standortflora bis zur Bodenchemie. Das sind mehr als austauschbare Staffagen des Versuchs. Sie dienen seiner Beglaubigung. Sie zeigen an: der Forscher weiß, daß er sich mit seiner Forschung in Gesellschaft befindet, in der Gesellschaft der Natur, aber auch in der Gesellschaft von Menschen.

Goethe *sieht* etwas; damit fängt alles an. Sein Auge macht einen Fund. Er ist sicher, daß er seinen Augen trauen darf. Jeder Sinn an unserem Leib ist der

Erscheinung, die er wahrnimmt, adäquat, noch mehr: er ist ihr analog. Hier wurzelt der Gegenstand im Subjekt. Licht und Auge sind komplementäre Größen. Sie bilden sich aneinander. Den höchsten Grad wechselseitiger Entwicklung nennt Goethe »wahr«: ein wahres, nämlich zureichendes Verhältnis. Aber diese Wahrheitsfindung ist, anders als in der modernen Naturwissenschaft, begrenzt. Sie ist einerseits begrenzt durch die Würde des Phänomens, verkörpert in seiner gewachsenen Form. Diese Form ist nicht reduzierbar und nur mit größter Vor- und Rücksicht zu verallgemeinern: das Entzücken gebührt der »Einzelnheit«. Und auf der Subjektseite ist die Wahrheitsfindung begrenzt durch Ehrfurcht. Sie gilt dem Wunder der Äquivalenz meines sinnlichen Organs mit der geprägten Naturform, die sich lebend entwikkelt, für sich und in mir.

So wird aus der Begegnung der geformten, aber nicht stillstehenden Objekte mit dem gebildeten Subjekt eine Geschichte der Begegnung. Sie referiert keine nackten Resultate. Sie erzählt die Entstehung einer Partnerschaft. Ihre Formen – ihre Dramaturgie – gleichen denen, die an poetischen Mustern beobachtet worden sind: Anagnorismos und Nostos, Wiedererkennung und Heimkehr. Es sind epische Formen, wie sie der großen Naturgeschichte und unserer bescheidenen Heldenrolle darin angemessen sind. Das Ziel aller großen Romane ist die Entdeckung der Welt als umfassendes Verwandtschaftsverhältnis. Goethes Naturwissenschaft feiert sie im Urphänomen der »wiederholten Spiegelung«. Aber es bedarf der Kunst, es sichtbar zu machen; zum Beispiel der

Kunst der böhmischen Glasbläser. An seinen Karlsbader Trinkgläsern hat Goethe beobachtet, daß die trübe Lasur des Schlangenmusters auf dem Glas dieses, vor einen passenden Hintergrund gehalten, zum doppelten Spiegel macht und seine geliebten »entoptischen Farben« hervorbringt. »Möge der Künstler dergleichen viele in Bereitschaft halten, damit Badegäste sowohl als Durchreisende sich mit solchen Gefäßen versehen können, um dem Physiker ernstlich anhand zu gehen und zum Scherz sowohl Junge als Alte ergötzlich zu überraschen. Hier erscheint ein Urphänomen, setzt natürliche Menschen in Erstaunen und bringt die Erklärsucht zur Verzweiflung.«

Über die Schadenfreude in diesen Sätzen wird noch zu reden sein – vorläufig gilt es die Freude, um nicht zu sagen: den Spaß, zu bemerken, den die Natur-Kunst ihrem Erforscher bereitet – und der sich freilich nicht mit jedem Mittel ihrer Herstellung verträgt. Goethe unterscheidet deutlich zwischen Künsten, die dem natürlichen Phänomen nachhelfen, und Maschinen, die ihm Gewalt tun. »Wie nahe wir durch unsern vierfach gesteigerten Apparat an den Punkt gekommen, wo das Instrument, anstatt das Geheimnis der Natur zu entwickeln, sie zum unauflöslichen Rätsel macht, möge doch jeder naturliebende Experimentator beherzigen. Es ist nichts dagegen zu sagen, daß man durch mechanische Vorrichtung sich in den Stand setze, gewisse Phänomene bequemer und auffallender nach Willen und Belieben vorzuzeigen; eigentliche Belehrung aber fördern sie nicht, ja es gibt unnütze und schädliche Apparate, wodurch die Naturanschauung ganz verfinstert wird; worunter auch diejenigen gehören, welche das Phänomen teilweise oder außer Zusammenhang vorstellen.« Goethes Aversion gegen Brillenträger und gegen Teleskope oder Mikroskope ist notorisch. Die kontaktgestörte, mit unverhältnismäßigen Verfahren erforschte Natur wird die Wahrheit schuldig bleiben – jedenfalls *die* Wahrheit, die uns zuträglich ist. Diese Überzeugung steht hinter dem quixotischen Krieg, den Goethe Newtons physikalischer Optik und damit der zählenden, rechnenden, Qualität auf Quantität reduzierenden Naturwissenschaft geliefert hat. Licht und Dunkel waren für ihn nicht reduzierbar. Wer das reine Licht aus Farben zusammensetzte, widersprach in Goethes Augen der sinnlichen Wahrheit des Phänomens, verletzte die Schicklichkeit des Verhältnisses. Newtons Spektralfarben waren eine Abartigkeit des Lichts, die ihm nur entreißen konnte, wer es nicht zu *sehen* verstand. Seiner Fülle beraubt, auf einen einzigen Strahl zusammengepreßt, durch ein Loch der Dunkelkammer gequält und dann noch durch ein Prisma gebrochen, konnte es sich nur als Spektrum – in Goethes Deutsch: als »Gespenst« – zeigen. Die Großaufnahme von Geschlechtsteilen wäre ein voyeuristisches, also defektes, also irreführendes Bild des Unterschieds von Mann und Frau. Goethe ist dem Mühlteich in Tennstädt dankbar, daß er noch dem oberflächlichsten Betrachter das Phänomen der Farbe in Goethes, nicht in Newtons Manier zu sehen erlaubt. Es bedarf nur des einfachen Geräts, des Blechs an der Angel, um die Wahrnehmung – nicht zu täuschen, nicht zu blenden, sondern zu *steigern.*

Natürlich ist es Newtons Physik, auf der die moderne Nutzung des Lichts – bis hin zur Lasertechnologie – beruht. Da es Goethe aber nicht auf die Dienstbarkeit der Natur, sondern auf den Kontakt zu ihr abgesehen hatte, würde ihn dieser Ausgang wohl eher unsertwegen als in seiner Überzeugung erschüttern. Daß etwas erfolgreich gemacht werden kann, war für ihn kein Kriterium dafür, daß es sinnvollerweise gemacht werden soll. Seine Naturwissenschaft – oder: Naturweisheit – verstand sich als heuristische Annäherung an das Phänomen zum besseren Verständnis seiner und unserer Integrität. Über das Staunen brauchen wir in seinen Augen nicht hinauszukommen. Aber wir können es durch Anschauung und Verknüpfung vertiefen. Wer hinter das augenblickliche Urphänomen zurückginge – der spekulative Metaphysiker genauso wie der das Atom spaltende Physiker –, der hätte für Goethe der Natur kein Geheimnis entrissen – denn Geheimnisse sind nicht zum Entreißen da. Er hätte nur bewiesen, daß die Welt dem Geist am Ende gleicht, der sie *so* begreift. Die mögliche Partnerschaft wird zum wissenschaftlich festgeschriebenen Antagonismus. Auf dieser Basis verschwindet unsere Betroffenheit von dem, was wir tun oder lassen, bis sie sich unfreiwillig und zu unserem Schaden wieder ein- und herstellt; bis die unterschlagene Tatsache, daß wir selbst Natur sind, sich an uns rächt, statt uns als eingesehene, praktizierte zu leiten. Zustimmend zitiert Goethe in den »Nachträgen zur Farbenlehre« den Maler Leprince: »Die analytische Methode, auf die Physik angewendet, hat mehr Übels als Gutes gestiftet durch die

Gewißheit, die man ihr voraussetzt; in der Tat ist sie eine Schutzwehr, ein Amulett, ein Talisman von der furchtbarsten Art; sie beschützt Irrtümer und Wahrheiten mit gleicher Macht, die einen wie die andern erhalten von ihr denselben Grad von Unverletzlichkeit, sie gelten für unantastbar, nicht weil ihre Begründung in Evidenz gesetzt ist, sondern weil sie so hohen Schutz gefunden haben.«

Der »hohe Schutz«, den unsere Maschinen finden, ist nicht mehr derjenige von gelehrten Akademien und Duodezfürsten, sondern von militärisch-industriellen Komplexen. Es gehört viel schwarzer Humor dazu, die Wissenschaft, die sie fördern, für interesselos, ihre Prämissen für objektiver zu halten als diejenigen Goethes. *Hypotheseis non fingo*, meinte Newton, eine Absichtserklärung, die, wie wir heute wissen können, selbst hypothetisch und schon bei ihm selbst eine wissenschafts-mythologische, wenn auch höchst folgenreiche Fiktion war. Goethe spürte ihre Unempfindlichkeit, ihren Mangel an Phantasie und Empathie für den Gegenstand, dessen Abkoppelung vom subjektiven Interesse *ihm* ganz und gar unwissenschaftlich erschien. Er wußte durchaus – es war ihm natürlich –, daß er »Voraussetzungen« machte. Aber die Tatsache unserer Naturbindung war für ihn eine Erfahrung und keine Hypothese. Sie stützte sich auf die Glaubwürdigkeit unserer Sinne und auf die Würde des Gegenstandes. Der Forscher hatte aber auch die soziale Verträglichkeit seiner Forschungen zu beachten. Er verstand die Natur als in sich kommunizierendes System, das die Naturwissenschaftler ihrerseits zur Kommunikation verpflichtete. Die Vernetzung von Natur- und Kulturzusammenhängen war für ihn nicht, wie für uns, eine späte, vielleicht schon *zu* späte Offenbarung. Er wäre für die Folgen der Ausrottung sogenannter Schädlinge für das Fortleben anderer Tiere – den Menschen eingeschlossen – nicht so blind gewesen wie unsere Kulturtechnologen bis vor wenigen Jahren. Die Monokultur der Ausbeutung verfehlt am Ende ihren eigenen Zweck: den höheren Nutzen. Er schlägt sich in einer exponentiellen Steigerung der sozialen Kosten nieder. Nur wer diese nicht mitzählt, kann immer noch von Fortschritt sprechen. Aber eine verkümmerte Natur begründet keinen Fortschritt der Zivilisation. Dieser zerstört nur die Naturbindung in uns selbst, und damit – nach der Fähigkeit zur persönlichen Lebenskunst – auch diejenige zum gemeinschaftlichen Überleben.

Darum begriff Goethe Naturwissenschaft nicht nur als hinreichenden Dialog mit ihren Gegenständen, sondern auch als verbindendes Gespräch der Forschenden untereinander. Sie verschwanden für ihn nicht im Limbus einer sogenannten Wissenschaftsgeschichte, die an unseren Hochschulen kaum noch antiquarisches Interesse findet – wie eine Leiter, die man fallen läßt, wenn die Mauer erstiegen ist. Für Goethe hatten die Forscher der Vergangenheit eine Physiognomie, eine Biographie, die ihre Wahrnehmung präjudizierte – die aber eben so interessant blieb und sich durch ihre besonderen Beiträge weder erledigte noch darin erschöpfte. Es war gerade die Bindung verallgemeinerungsfähiger Resultate an einmalige Subjekte, in der er die höhere Naturgeschichte walten sah – in diesem Sinn hat er die Wissenschaft identisch genannt mit ihrer Geschichte. Über *diese* Geschichte, nicht über die verworrene und verwirrende politische Geschichte, hatte er Lust Buch zu führen; denn hier vermutete er das wahre Naturgesetz unserer Gattung am Werk. Hier allein zeichnete sich so etwas wie die morphologische Gestalt unserer Kultur und damit die höhere Berufung und Bestimmung der Menschheit, kurzum: Hoffnung ab. Was er in Pflanzen und Tieren, Steinen und Skeletten beobachtete: den unbewußten Drang des Geschaffenen über die Polarität hinaus, die Spiraltendenz zur Steigerung: er stellte es, als bewußtere Schöpfung der Individuen, auch in den Lebensläufen seiner Vorgänger fest. Und eben darin fühlte er sich ihnen eher verwandt als voraus und band das Verständnis auch seiner eigenen Persönlichkeit an die Anerkennung ihrer Naturhaftung. »Ich wünsche ganz verstanden zu werden in dem, das ich der Natur geworden. Willst du mich nur erträglich verstehen, so mußt du wissen, wie die Natur mich fand, als wir uns einander begegneten; dann hast du die Geschichte und die Darstellung meiner Wahrnehmungen. Es ist glaublich, daß dies uns vereinigen werde in der Betrachtung der Phänomene, der wir uns hingeben.«

»Was ich der Natur geworden«: das ist die Sprache des mündigen, darum dankbaren Sohnes mit der Mutter. »Wie die Natur mich fand« – das sind die Bedingungen, die seine Individualität dem Verhältnis setzt. »Wie ich die Natur fand«: das ist die Berufung zur Entwicklung dieser gegebenen Mitgift zur persönlichen Schöpfung, das »Werde, der du bist« im

Geist des Vertrauens und der Liebe. Der individuell Bedingte gewinnt durch seine Einbürgerung in die Natur zu *ihren* Bedingungen sein eigenes Maß an Freiheit. Schließlich »daß dies uns vereinigen werde«: das ist die Zuversicht, daß dieser Bürgerbrief der Natur zwischen allen, die ihn, jeder nach seiner Art, erworben haben, Gemeinschaft stifte. Es ist bemerkenswert, wie Goethe, der viel gescholtene Fürstenknecht, in seinen naturwissenschaftlichen Schriften ein republikanisches Vokabular verwendet. Im Mutterland der Natur gibt es nur gleichberechtigte Männer, tüchtige Muttersöhne. Ein Stufenglück, aber keine Hierarchie; Metamorphose, aber keine Revolution. Nichts Vulkanisches: hier wird mit Wasser gekocht, im Wasser sich gebildet. In der reinen Hand wird es sich ballen. Für die Erscheinung des Urphänomens genügt ein Brunnentrog.

Doch ganz ohne Gnade geht es in der Republik der Phänomene denn doch nicht ab. Sie müssen einem aufgehen. Die Erleuchtung hat bei Goethe einen bemerkenswert kleinen Namen: »Aperçu«. Das Aperçu ist nicht kalkulierbar. Es bedarf des rechten Augenblicks und bedient sich gern eines Zufalls. Goethe schildert in seiner »Konfession«, wie er das von einem Kollegen geborgte und wiederholt zurückgeforderte optische Instrumentarium vor dem Expedieren noch eines letzen Blickes würdigte. Er warf, pflichtschuldig, einen Blick durch das Prisma auf eine helle Wand. Und als das Bild an der Wand weiß blieb, statt sich spektral zu brechen, kam Goethe die plötzliche Eingebung, daß »Newton nicht recht haben konnte«. Aus dieser Zündung entwickelte er in jahrelanger Arbeit seine »Farbenlehre« und betrachtete sie als sein wichtigstes Werk.

Manche weltbild-verändernde Hypothese der Wissenschaft – von Archimedes über Galilei zu Einstein – ist auf so unorthodoxe Art entstanden. Freilich bedarf es der vorbereiteten Materie, damit der Funke zündet. In der »Farbenlehre« kristallisierte sich für Goethe zugleich eine existentielle Frage. Sie erlaubte ihm, die Früchte der italienischen Reise unter dem grauen Himmel Weimars zu konservieren. Das Gesetz, das er in ihr entdeckte, dispensierte ihn von der Anarchie der politischen Geschichte, von der Parteinahme für Alternativen, die für ihn keine waren. Zugleich war die »Farbenlehre« die Fortsetzung des Diskurses mit dem toten Schiller, ein Stück Trauerarbeit. Sie war mehr als ein Zeitvertreib: eine Umwertung der Zeit in Bewegung, als die Produktion zu stocken drohte; eine Konzentration auf einen Punkt, als die Welt in Fluß geriet und die vertrauten Werte wegschwemmte. Der Klassizismus der »Blätter für Kunst und Altertum« war für Goethe selbst unhaltbar geworden: die »Farbenlehre« war die Arche, die auch den Dichter Goethe an neue Ufer rettete. Die Frage nach der Farbe in der italienischen Malerei, die ihm die Maler selbst nicht beantworten konnten, hatte ihn zurück – und gewaltig vorwärts – geführt zur Entdeckung der *physiologischen* Farben, der Schöpferkraft des Auges. Die *Physik* der Farben wurde zum Streitfall mit einer ganzen wissenschaftlichen Zunft – als Werk der Selbstbehauptung jedenfalls war der Streit jenseits von Richtig oder Falsch. Die *Psychologie* der Farben schließlich führte Goethe zu einem höheren Verständnis der Meisterwerke zurück, und zu einem freieren Gebrauch der eigenen Meisterschaft. »Was fruchtbar ist, allein ist wahr«: die Übersetzungsleistung der »Farbenlehre« – Farbe als Chiffre eines neuen Vertrauensverhältnisses von Subjekt und Objekt – hatte sich auch für den Künstler Goethe gelohnt. »Wahrheit und Dichtung« behandelt die eigene Biographie mit jenem objektiven Interesse, das sich an der »Farbenlehre« geschult und die Gesetze von Polarität und Steigerung auch bei sich selbst wahrnehmen gelernt hat. Auch die »Wahlverwandtschaften« oder die »Wanderjahre« sind freie literarische Anwendungen naturwissenschaftlicher Muster, die etwa in der Chemie der Paarbeziehungen beobachtet werden. Daß der Boden dieser Erkenntnisse nicht fest geworden ist, sondern entwicklungsfähig, um nicht zu sagen: erschütterbar bleibt, dafür sorgt gerade das Inkalkulable der Natur – das Goethe in seiner Altersdichtung nicht nur gegen eine positiv-optimistische Naturwissenschaft, sondern auch gegen den eigenen Frieden in Schutz nimmt. Das Bewußtsein des persönlichen Todes, wenn schon nichts anderes, sorgt ohnehin dafür, daß wir es uns mit unserer naturgesetzlichen Bestimmung nicht zu gemütlich machen. Daß die morphologische, die Spiraltendenz des Lebendigen sich auch über den leiblichen Tod erhebe, ist immerhin eine Hoffnung, die sich der alte Goethe in dunklen Sätzen erlaubt hat.

»Im Wasser Flamme« – das auffällige, aber wie Goethe zeigt: durchaus gesetzliche Phänomen ist an bedeutenden Stellen seiner Dichtung zum Gleichnis geworden. In der »Pandora« wird Phileros, der stürmisch brennende Jüngling, aus dem flüssigen Element wiedergeboren: der Widerstreit der Elemente versöhnt sich in der Steigerung durch den Eros. In der »Klassischen Walpurgisnacht« zerschellt der im alchimistischen Feuer ausgeheckte Kunst-Mensch am Muschelgefährt der Galathee, um im Fruchtwasser des Meeres »auf rechte Art (zu) entstehn«, als Ur-Stoff den Weg zur natürlichen Schöpfung von frischem zu beginnen. Der Mühlteich von Tennstädt, ja jeder gewöhnliche Brunnentrog, in dem die schwarzweiße Scheibe ihren Farbenzauber entfaltet, ist das natürliche Vorbild für jenen himmlischen Mutterschoß, den die höchste Kunst dem irrenden Faust öffnet: der farbige Abglanz, an dem wir das Leben haben, steigert sich zum Fest der Erlösung, in dem auch der Geist der Polarität – Mephisto – nicht einfach abgeschafft, sondern aufgehoben ist. Das Stück, das im höchsten Himmel der Kunst gespielt wird, verleugnet nicht seine Verwandtschaft mit dem schlichtesten Naturversuch, dem Spiel am Tennstädter Mühlteich, dem Erdtrichter von Verdun. »Gestaltung, Umgestaltung / des ewigen Sinnes ewige Unterhaltung« – wo sich Natur und Kunst am nächsten kommen, wird diese Unterhaltung zum Kinderspiel. Wie hat Goethe den »Faust«, seine Lebensarbeit, genannt? »Diese sehr ernsten Scherze«.

So darf es denn nicht verboten sein, diesen Scherz auch in der »Farbenlehre« zu bemerken. Für Goethe folgt Heiterkeit – oder wie er hier weniger gemütlich sagt: Ironie – gleichsam naturgesetzlich aus dem Prozeß des rechten Sehens. »Jedes Ansehen geht über in ein Betrachten, jedes Betrachten in ein Sinnen, jedes Sinnen in ein Verknüpfen, und so kann man sagen, daß wir schon bei jedem aufmerksamen Blick in die Welt theoretisieren. Dieses aber mit Bewußtsein, mit Selbstkenntnis, mit Freiheit und, um uns eines gewagten Wortes zu bedienen, mit Ironie zu tun und vorzunehmen, eine solche Gewandtheit ist nötig, wenn die Abstraktion, vor der wir uns fürchten, unschädlich, und das Erfahrungsresultat, das wir hoffen, recht lebendig und nützlich werden soll.«

Daß der Mensch nur da ganz Mensch sei, wo er spielt – dieser große Satz (der dem toten Schiller zur Steuer und zur Rechtfertigung seiner hohen Spekulation gedient hatte und der auch als Reverenz gegenüber dem »naiven« Genie Goethes gemeint gewesen war) wird diesem nun zur Maxime *auch* seiner Naturwissenschaft, die als bloß exakte nicht genau, nicht »zart« genug gewesen wäre. Die Pedanterie, die dem Sammler der Phänomene droht, bedarf eines starken Gegengifts von Liebhaberei, von Zweckfreiheit, von Witz – und sogar von Willkür. »Verwerfen wir (...) nicht ein heiteres, humoristisches Spiel mit den Gegenständen, schickliche und unschickliche Annäherung, ja Verknüpfung des Entferntesten, womit man uns in Erstaunen zu setzen, durch Kontrast auf Kontrast zu überraschen trachtet.«

Warum sollte die Wissenschaft von der Farbe weniger farbig sein dürfen als ihr Gegenstand? Noch mehr als Schiller hat Goethes Lob der schöpferischen »Analogie« den Schülern und Erben der Romantik eingeleuchtet. Von Schelling bis Runge, von Hegel bis Schopenhauer blieben sie jedenfalls im Lob der »Farbenlehre« einig, denn sie wußten sich ihre Resultate philosophisch zu eigen zu machen oder gar – was Goethe noch mehr bedeutete – sie praktisch zu gebrauchen. Gegenüber der Wissenschaftszunft befanden sie sich freilich in einer Minderheitsposition, die im Lauf des 19. Jahrhunderts zunehmend phantastisch wurde. Daß Wissenschaft ein Spiel, daß sie fröhlich sein müsse, um für freie Menschen zu taugen, war eine Wahrheit, die sich wenige Jahrzehnte später so provokativ und frivol anhörte, daß sie nur noch im schrillen Ton Nietzsches ausgesprochen werden konnte. Goethe aber, der sich mitten in der »Kampagne in Frankreich« – wo eine neue Zeit begann und er sagen konnte, er sei dabeigewesen – mit den Porzellanscherben aus einer »freundlichen Feldküche« vergnügte, war die Wissenschaft noch von Haus aus fröhlich gewesen, und als fröhliche verpflichtend – ein Spiel mit der Mutter, der man, im Vertrauen, auf die Schliche ihres gegenständlichen Reichtums kommen durfte. In jeder ihrer Masken war eine Offenbarung versteckt, denn keine beruhte auf Verstellung. Jede ihrer Formen enthielt den Hinweis auf eine Entwicklung, die das Geprägte daran nicht überholte, sondern erhellte mit der Ahnung profunder Verwandtschaft, in welche die eigene Existenz – und die eigene Entfaltung – eingeschlossen war. Wie sollte man da das »Entfernteste« nicht »verknüpfen« dürfen! und der Angst Valet sagen, daß man dabei zu weit gehen könnte – wenn die Natur so organisiert war, daß man sich selbst um so näher kam, je weiter man ging!

Auch die Kausalität, dieser Grundstein strenger Naturwissenschaft, blieb für Goethe noch ein bewegliches, schwebendes Fundament – er durfte es auf den Kopf stellen, ohne daß damit die Ordnung der Welt zusammenbrach. Hören Sie ein Beispiel von Goethes heiterer – und vielleicht wieder höchst moderner – Naturwissenschaft. Es geht, kurz gesagt, um den Fall eines Ziegels vom Dach.

»Alle Wirkungen, von welcher Art sie seien, die wir in der Erfahrung bemerken, hängen auf die stetigste Weise zusammen, gehen ineinander über; sie undulieren von der ersten bis zur letzten. Daß man sie voneinander trennt, sie einander entgegensetzt, sie unter einander vermengt, ist unvermeidlich; doch mußte daher in den Wissenschaften ein grenzenloser Widerstreit entstehen. Starre scheidende Pedanterie und verflößender Mystizismus bringen beide gleiches Unheil. Aber jene Tätigkeiten, von der gemeinsten bis zur höchsten, vom Ziegelstein, der dem Dach entstürzt, bis zum leuchtenden Geistesblick, der dir aufgeht und den du mitteilst, reihen sich aneinander. Wir versuchen es auszusprechen:

Zufällig
Mechanisch
Physisch,
Chemisch,
Organisch,
Psychisch,
Ethisch,
Religios,
Genial.«

Und so liest sie sich bei Goethe, die Metamorphose des Ziegelsteins, sein möglicher Aufstieg zur Genialität:

»Ein Ziegelstein löst sich vom Dache los, wir nennen dies im gemeinen Sinn *zufällig*; er trifft die Schultern eines Vorübergehenden doch wohl *mechanisch*; allein nicht ganz mechanisch: er folgt den Gesetzen der Schwere, und so wirkt er *physisch*. Die zerrissenen Lebensgefäße geben sogleich ihre Funktion auf, im Augenblick wirken die Kräfte *chemisch*, die elementaren Eigenschaften treten hervor. Allein das *organische* Leben widersetzt sich eben so schnell und sucht sich herzustellen; indessen ist das menschliche Ganze mehr oder weniger bewußtlos und *psychisch* zerrüttet. Die sich wiedererkennende Person fühlt sich *ethisch* im Tiefsten verletzt. Sie beklagt ihre gestörte Tätigkeit, von welcher Art sie auch sei; aber ungern ergäbe sich der Mensch in Geduld. *Religios* hingegen wird ihm leicht, diesen Fall einer höhern Schickung zuzuschreiben, ihn als Bewahrung vor größern Übeln, als Einleitung zu höherem Guten anzusehen. Dies reicht hin für den Leidenden; aber der Genesende erhebt sich *genial*, vertraut Gott und sich selbst und fühlt sich gerettet, ergreift wohl auch das Zufällige, wendet's zu seinem Vorteil, um einen ewig frischen Lebenskreis zu beginnen.«

Er ergreift das Zufällige – und wenn es nun zufällig wieder ein Ziegelstein oder (nicht ganz so zufällig) ein Pflasterstein wäre? Wie gut, wenn dieser Wurf (für den es vielleicht auch diese oder jene psychische und gar ethische Notwendigkeit auszumachen gibt) seinerseits geniale Wirkungen auslöste, die über Verletzung und Verletztheit hinausgingen und ernste, aber am Ende nicht *nur* ernste, sondern spielbereite, spielfähige, kurzum: geniale Einsichten zeitigte? Diese politische Zwischenfrage kommt ein paar Jahre zu spät. Aber hätte es nach 1968 einen tieferen, freieren Blick für Kausalitäten gegeben, unsere Gesellschaft wäre besser oder gar fröhlicher dran. Das Netzwerk der Zusammenhänge, die nicht einem schlichten Muster von Ursache und Wirkung folgen, dürfte in der Kulturgeschichte nicht minder komplex gewoben sein als im Aufbau der Natur. Also ist hier erst recht die durchschlagende Wirkung, nach welcher die Ungeduld verlangt, nur auf Kosten des Netzes zu haben, in dem wir alle hängen. Goethes Natur-Kunde – die Souveränität, mit der sie ungewohnte Zusammenhänge gelten zu lassen, die Heiterkeit, mit der sie solche herzustellen empfiehlt – liest sich heute erst recht als eine Schule der lebensrettenden Geduld.

Goethe hat unrecht bekommen vor dem Richterstuhl eines Wissenschaftsbegriffs, der inzwischen selbst angeklagt ist. Sein naturwissenschaftliches Spielverhalten mag denen immer noch müßig scheinen, die kurzschlüssige Resultate und rasche Abhilfen verlangen. Aber da wirkliche Abhilfe nie schnell, wirkliche Einsichten nie kurzschlüssig sind, mögen auch einige Kurzschlüsse Goethes, ja die meisten seiner Rezepte überholt sein – die Maxime seines Handelns, und auch seiner Vorsicht und Rücksicht beim Handeln, wäre nur zu überholen durch eine Praxis, die sie beherzigt. Diese Weisheit im Gebrauch der Wissenschaft aber steht uns noch bevor; vielleicht kommt sie selbst im günstigsten Fall schon zu spät. Wenn es »Ungeduld« ist, »das scheinbare Einpfählen der scheinbaren Sache«, die, nach Kafkas Wort, »den Menschen aus dem Paradies vertrieb und ihn immer weiter daraus entfernt«, ist es hohe Zeit, uns weniger zu übereilen mit der Perfektionierung dieser Ungeduld, der Beschleunigung unserer Expatriierung aus einer bewohnbaren Welt.

Goethe hat den Ziegelstein seinem Vorübergehenden gnädigerweise auf die Schulter fallen lassen. Inzwischen hängt er megatonnenschwer über jedem einzelnen unserer Köpfe. Unter diesen Umständen müßten diese Köpfe vielleicht – wenn sie oder wenigstens ihre Kinder einen »frischen Lebenskreis« beginnen sollen – ihre ganze Genialität schon für die rechtzeitige Elimination des drohenden Dauerschadens verwenden. Geduld ist da natürlich ein starkes Stück. Wir sind für die Kausalverhältnisse der Natur, an denen wir als große Zauberlehrlinge mitdrehen gelernt haben, auch anders verantwortlich geworden als die Zeitgenossen Goethes. Die Naturbindung auch unserer Kultur, der wir uns schon fast entwachsen glaubten, fordert ihre Rechte in dramatischer Form und macht uns eine Rechnung auf, von der wir fürchten müssen, sie sei das Ende unserer Zivilisation, so oder so. Je stärker die Gründe, unsere Schuld zu begleichen, desto tiefer das Gefühl unserer Zahlungsunfähigkeit. Eine unfröhliche Wissenschaft hat unsere Freiheit, auf ihre Produkte zu reagieren, immer mehr eingeschränkt, und keineswegs ohne unsere Beihilfe. Daß das bessere Leben, das sie versprechen, am Ende kein Leben mehr sein könnte, ist ein so schwer erträglicher Verdacht, daß wir zu immer stärkeren Betäubungsmitteln greifen, in der Hausapotheke wie in der Politik. Wir werden eines an Selbstüberwindung grenzenden Humors und einer unerschrockenen Phantasie bedürfen, um unsere Sachzwänge zu begrenzen – dem Netz zuliebe, in dem sie sich immer mehr wie schauerliche Löcher ausnehmen. Nun hängt aber unser Leben und Überleben an diesem Netz und nicht, wie uns die *supply-side* einreden will, am immer besinnungsloseren Abnehmen ihrer Produktion. Es ist mehr Tod darin, als wir für unsern Haushalt gebrauchen können – gerade wenn uns weisgemacht werden soll, daß wir unsern Tod nicht mehr zu leben brauchen. Gegenüber solchem Selbstbetrug halte ich eine phantasievolle Naturwissenschaft für zuverlässiger, die auch den individuellen Tod als Beitrag zu einer möglichen Entwicklung begreift – als Tribut, den wir der Würde des Lebens schulden, aber keiner Parole, keinem System, keinem Vaterland und schon gar nicht einem bösen Feind.

Ob Goethes Naturweisheit nicht nur durch heutige Tatsachen, sondern auch durch die modernen Naturwissenschaften beglaubigt wird, bin ich nicht qualifiziert zu beurteilen; einiges, was ich mitbekommen habe, deutet darauf. Die Subjektbindung der Naturwissenschaft hat sich im Bereich der Mikrophysik bestätigt, wo das Objektiv seine Objekte bekanntlich nicht beobachten kann, ohne sie durch Beobachtung zu verändern. Daß auch das Universum von einer physikalischen Konstitution ist, die sich annähernd nur noch mit den Chiffren einer umfassenden Spieltheorie beschreiben läßt, hätte den Beziehungskünstler Goethe mit Gewißheit weniger erstaunt als seine positivistischen Widerleger. Die methodische Grenzlinie, die Dilthey einst hüben dem *Verstehen* der Geisteswissenschaft, drüben dem *Erkennen* der Naturwissenschaft gezogen hat, ist von der fortgeschrittenen Naturwissenschaft her längst ad absurdum geführt worden. Daß wir nur begreifen, was uns ergreift – der bekannte hermeneutische Zirkel –, liest sich in der Naturwissenschaft etwas weniger affektbetont. Aber auch da weiß man inzwischen, daß sich die Antwort nach der Frage richtet, daß die Frage die Antwort präjudiziert, ohne diese – oder sich selbst – damit ehrenrührig zu machen. Du gleichst dem Geist, den du begreifst, hieß das einmal bei Goethe – freilich mit dem Zusatz: Nicht mir! So sprach der Erdgeist damals; so spricht er noch immer, auch wenn die Natur dem Griff der Technik scheinbar unbeschränkt entgegengekommen ist – bis zum Verstummen. Im Tode würde sie uns wohl endgültig gleichen. Aber da ist ein Widerstand, der, zu unserem Glück, noch nicht ganz besiegt werden konnte und bei dem es mit Besiegen nicht getan ist. Zum Erkennen oder Verstehen aber müßte unser Griff – mit Goethes Wort – »zarter« werden, und wo die Würde des Gegenstands verletzt würde, müßte der Griff unterbleiben. Denn genau dort rührte er auch an unser eigenes Gesicht.

Goethes ernsthafter Scherz vom genialen Ziegelstein rechnet mit dem Überleben des Passanten, der Voraussetzung aller menschlichen Genialität. Es ist eine vertrauensvolle Physik. Der Vorübergehende bekommt eine Chance, sich zu entwickeln. *Nach* ihm darf – anders als in Brechts Gedicht – noch etwas Nennenswertes kommen. Damit die Tagesordnung unserer Zivilisation nicht ungebremst auf den Jüngsten Tag zulaufe, bedürfen wir nicht mehr bloß der

Wahrung der Menschenrechte, die – wie keiner unbestechlicher gesehen hat als Goethe – beim revoltierenden Menschen nicht zum besten aufgehoben sind. Wir brauchen auch ein Habeas Corpus für unsere Materien; die tätige Einsicht, daß sie »Mutterstoff« eigensinnig, schutzbedürftig, kurzum: daß sie unseresgleichen sind, für Ausbeutung ebenso zu gut und zu teuer wie wir. Die Forschungsobjekte haben ihre Würde nicht weniger als ihr Erforscher. Mangel an Ehrfurcht vor ihnen ist gleichbedeutend mit Menschenverachtung. Wir brauchen einen Code – eine Konvention – erlaubter Umgangsformen mit der hochempfindlich gewordenen Natur, eine Stilkunde der Schonung.

Einem solchen Vertragswerk ist in deutscher Sprache nirgends weiter vorgearbeitet als bei ihrem größten Schriftsteller in seinen naturwissenschaftlichen Schriften. Sie sind kein spezieller oder gar abseitiger, kurioser Teil seines Werks, sondern die Anwendung seines Sprachgefühls auf die Sprache eines andern Gegenstands. In der »Farbenlehre« reden die Farben, die er »Taten und Leiden des Lichts« nannte, zu ihrem korrespondierenden Organ, dem Auge Goethes, das man nicht nur auf Porträts feiern wollte. Es nimmt wahr und antwortet im Namen des Menschen. Wie Goethe früher die Natur in der Kunst gesucht hat, so findet er hier die Kunst in der Natur. Er sieht die Farben als *diese*, und eben so exemplarisch, denn das Allgemeine – so sagt er in den »Wanderjahren« – ist immer der besondere Fall. So betrachtet wird die Farbe zum Gegenstand der Lebenskunst.

Wir sind, mit allem Grund, empfindlich geworden für Gewalt zwischen Menschen und ziehen ihre Formen aus allen möglichen sozialen Verstecken hervor, denjenigen der Kindheit, der Ehe, der Fernsehunterhaltung. Zu veröffentlichen und zu verhindern bleiben aber auch Formen der wissenschaftlich gedeckten, industriell geförderten, ökonomisch erzwungenen Gewalt gegenüber Sachen. Die Dinge, mit denen wir uns umgeben und ausstatten, zeugen für oder wider uns. Die Verfahren, deren wir uns bedienen, machen ein Stück Brot zum potentiellen Abfall oder zum Lebensmittel. Die Schonung, die wir walten lassen oder nicht, entscheidet über unsere Zukunft. Wer nicht in die Binsen gehen will, darf sich der Binsenweisheiten nicht schämen, auch wenn er für ihre Beherzigung kein Generalrezept bereit hat – außer demjenigen, daß man auch den Rezeptmachern auf die Finger sehen muß. Wir haben fast keine Zeit mehr, darum brauchen wir noch mehr Geduld: denn sie bringt die Veränderung nicht erst, sie ist selbst schon ein Stück Veränderung und für die meisten von uns die schwerste. Bei Goethe kann ich einen geduldigen Umgang mit Gegenständen lernen. Da liest einer aus dem Ganzen der Natur, das ihm aufgegangen ist, die Pflicht heraus, ihr als Ganzer zu begegnen. »Um aber einer solchen Forderung sich zu nähern, müßte man keine der menschlichen Kräfte bei wissenschaftlicher Tätigkeit ausschließen.« Und in seinem Suchbild erscheinen die Eigenschaften eine nach der andern, die der Naturwissenschaftler betätigen soll, um als Mensch zu sich selbst zu kommen: »Die Abgründe der Ahnung, ein sicheres Anschauen der

Gegenwart, mathematische Tiefe, physische Genauigkeit, Höhe der Vernunft, Schärfe des Verstandes, bewegliche, sehnsuchtsvolle Phantasie« – es fehlt noch das letzte Wort, es ist auch das letzte meines Vortrags: »liebevolle Freude am Sinnlichen«. Damit will ich enden: denn damit könnten wir anfangen.

Goethe als Emigrant
Zum »West-östlichen Divan«

[1982]

Goethe als Emigrant – ist es erlaubt, mit diesem Wort zu spielen?

Rechtlich ist im Deutschland der über 1700 staatlichen Gebilde und landesherrlichen Hoheiten fast jeder, der über die nächste Grenze zog, ein Auswanderer gewesen – und selbst diese Ortsverschiebungen waren, wie Schillers Beispiel beweist, keine Lappalie. Man konnte dabei sehr wohl Stellung, Brot und Gesundheit, ja auch die Heimat und das Leben verlieren. Aber das Vaterland, zumal das deutsche, *blieb* ein weites Feld; jedenfalls war das Bedürfnis, »daß ein Eignes wir suchen, so weit es auch ist« (Hölderlin), nicht an das Territorium gebunden, in das einen der Zufall der Geburt geworfen hatte. Gerade dort war für den gebildeten und schon darum unglücklichen Bürger oft nicht die Spur davon zu finden. Das Deutschland der Philosophen lag vielleicht im alten Griechenland, das Deutschland der Patrioten im neuen Frankreich, die deutsche Nation in den Wolken oder Sternen. Wenn man aber fast jede geistige Bewegung der Deutschen um 1800 als Emigration betrachten möchte, so riskiert man, an den Transporten realer Not vorbeizusehen: demjenigen der arbeitslosen Weber oder verkauften Soldaten nach Übersee, aber auch des vertriebenen linksrheinischen Adels – dokumentiert in Goethes »Unterhaltungen deutscher Ausgewanderter«; zu schweigen von der Gegenbewegung, der schon modern zu nennenden Gesinnungsemigration deutscher Republikaner, des Bürgers Forster, des Grafen Schlabrendorf, nach Paris.

In jedem Fall scheint es frivol, etwa einer Umsiedlung von Frankfurt nach Sachsen-Weimar, einer Fürstenbegleitung in die Schweiz, einer Winterreise in den Harz, einer Flucht nach Italien den brennenden Namen Emigration beizulegen – auch wenn diesen Ausbrüchen, gerade als Ausdruck subjektiver Lebenskrisen, etwas Repräsentatives zukam; auch wenn sie in der Geschichte unserer Kultur Epoche gemacht haben – oder machen müßten. Selbst auf dem Hintergrund persönlicher Not verdient ein Akt *freien Willens*, mit dem man der Not nicht nur entgeht, mit dem man sie auch gestaltet, wohl eine genauere Qualifikation. Dennoch bitte ich heute darum, in einem bestimmten, auf den ersten Blick besonders literarischen Fall das Wort Emigration für die Sache vorläufig stehenzulassen, bis sie ihm vielleicht einen ernsthaften und keineswegs nur metaphorischen Sinn verleiht – obwohl sie sich dabei einer Metapher bedient, obwohl sich Goethe selbst zuerst einer umfassenden Metapher bedient hat: der persischen Dichtung des 14. Jahrhunderts, der Maske des Dichters Hafis. Er hat es zuerst getan – er hat aber auch, wie ich zu sehen meine, als erster die Fremde nicht nur als alt-neues Thema, sondern als neues Medium, als Medium für etwas Neues behandelt. Ich habe vor, die Geschichte des »West-östlichen Divan« in diesem Licht zu erzählen und beginne mit einer Skizze der Vorgeschichte.

1814. Goethe ist alt, fünfundsechzig, geworden, nach der Einschätzung seiner Zeitgenossen hat er seine produktiven Jahre hinter sich. »Er zerlegt jetzt den Strahl, den seine Jugend sonst warf« war bekanntlich Kleists ironischer Kommentar zur »Farbenlehre«, die Goethes heimliches Hauptgeschäft, in den Augen der meisten aber ein Spleen oder nur Arbeitstherapie war. Zwar sind die »Wahlverwandtschaften« erschienen, in denen wir heute die gewagteste und ungeheuerste Komposition deutscher Sprache erkennen, aber von den Zeitgenossen nahmen sie nicht viele als Kunstwerk wahr. Sie hatten auch an anderes zu denken. Die Franzosen sind im Land, 1813 halten Baschkiren in der Aula des alten Gymnasiums zu Weimar einen mohammedanischen Gottesdienst ab; Goethe beschäftigt sich neuerdings wieder mehr mit Orientalia. Seit dem Tod Schillers scheint ihm die Lust an der Gegenwart verdorben zu sein, seine hartnäckige Naturwissenschaft hat ihm nicht viele Freunde geschaffen. Zu vermelden sind rätselhafte Krankheiten, durch die Kriegsläufe erschwerte Badereisen, er hat zwar einen erwachsenen Sohn, der vom Kriegsdienst befreit wurde, aber die Mütter sterben, 1807 Herzogin Anna Amalia, 1808 die leibliche Mutter, die er die letzten zehn Jahre nicht mehr besucht hat. Die Audienz bei Napoleon ist ehrenvoll, aber in patriotischer Hinsicht heikel, zweischneidig ist auch die Verehrung, die der Alte bei der romantischen Avantgarde genießt, in seinen Augen dubios das neue Interesse – auch sein eigenes – für Gotik und Mittelalter. Goethe empfängt, ordnet, organisiert sein Leben als »Wahrheit und Dichtung«, verkehrt am liebsten mit Experten in Geologie, Wetterkunde, Akustik, Bergbau, ein Sammler, der sich zu zerstreuen scheint. Die Fortsetzung des »Wilhelm Meister« scheint über einen literarischen Zettelkasten nicht hinauszugedeihen. Er redigiert seine vergangenen Reisen, zumal die italienische, korrigiert, »mundiert«, schreibt Festspiele wie den »Epimenides«, in dem er sich ironisch als politischen Siebenschläfer darstellt. Er ist längst eine Galionsfigur der von ihm so genannten Weltliteratur geworden, aber eine stille Unlust ist dieser repräsentativen Existenz im weltarmen Deutschland anzumerken, Unlust an sich, Ungeduld mit Gefährten und Unmut an der Geschichte. Sammeln und Zerstreuen scheinen, als Figuren dieses Ungenügens, heimlich identisch, es fehlt fühlbar die große, seine Existenz wieder zusammenfassende, sie zum qualifizierten Leben steigernde Bewegung: eine neue Flucht ins Eigene. Die alten Rezepte: Krankheit, Schlaf, Sommerfrische in Karlsbad scheinen ihre Wirkung verloren zu haben. 1814 und 1815 aber, so will es die Literaturgeschichte, ist dann nochmals ein Wunder geschehen: die sinnlich-übersinnliche Hochzeit des »West-östlichen Divan«. Wir wollen das Wunder etwas aus der Nähe ansehen.

Goethe beschäftigt sich nicht erst seit der Einquartierung der Baschkiren mit orientalischen Gegenständen. Schon 1772 hat er Auszüge aus der 2. bis 29. Koran-Sure gemacht, 1783 aus dem Englischen den Moallakàt übersetzt; das Hohelied begleitet ihn lebenslänglich, während der Zusammenarbeit mit Schiller, 1797, liefert er überraschend ein Stück bibeltextkritische Detektivarbeit über die Bücher Moses und einige merkwürdige Widersprüche bei der Zählung der Wüstenjahre – das Stück wird später dem »Divan« einverleibt werden. Er hat 1799 Voltaires »Mahomet« übersetzt, eine Auftragsarbeit seines Herzogs – dieses Interesse am Orient kann man noch sporadisch nennen und mit Herders Einfluß begründen, mit den türkischen Moden, auch mit dem Vorbild der Aufklärung, die sich, wie bei Montesquieu, gern der orientalischen Mimikry für ihre Sozialkritik bediente, schließlich mit der indischen Vorliebe der Romantiker, die Goethe vorsichtig teilte, und natürlich mit seiner lebenslänglichen Prägung durch die Heilige Schrift. Seit 1814 wendet sich Goethe nun besonders der persischen Dichtung zu, angeregt durch Hammer-Purgstalls Hafis-Übersetzung und noch mehr wohl durch dessen Vorwort, wo Goethe Sätze lesen konnte wie diesen: »Von Fürsten geehrt, von Freunden geliebt, verlebte Hafis in den Rosenhainen von Schiras unter Studien und Genuß seine Lebenstage, welche in eines der stürmischsten Jahrhunderte, welche die morgenländische Geschichte aufzuweisen hat, gefallen waren. (...) Die Gräuel politischer Stürme, welche damals den Orient erschütterten, bilden einen merkwürdigen Kontrast mit der ungetrübten Heiterkeit des Dichters. (...) Das Ungethüm der Zeiten mußte einen Geist, wie Hafisens, nur noch mit größerer Freiheit entfesseln, als es vielleicht in ruhigeren Zeiten geschehen wäre. Hätte er Ruhe und Frieden abwarten wollen, um unsterbliche Lieder zu singen, so wären dieselben ungesungen geblieben. (...)«

Hier war ein starkes Identifikations-Angebot. Es stimmte zu Goethes biographischer Realität bis in

Einzelheiten: Hafis' Empfang beim Welteroberer Timur – Napoleon in Erfurt –, die böse Nachrede der Sitten- und Religionsverderbnis, die auch Goethe von den Moralisten und Dogmatikern jeder Spielart genug zu hören bekam; noch mehr stimmte das Angebot aber zu Goethes Bedürfnis nach poetischer Freiheit *trotz alledem*, nach Urlaub von der verworrenen Geschichte durch die Gnade der Poesie; einer Poesie – darin lag ein besonderer Reiz –, die ihre Kühnheit in Bilder zu verschlüsseln und nur dem teilnehmenden Eingeweihten preiszugeben verstand. Hafis, als Alter ego, setzte Goethes Einbildungskraft in Bewegung, und er begann, in dieser Manier zu dichten. Auf Zusehen hin, befreit durch die erlaubte, ja gebotene Läßlichkeit der neuen Form, die so weit entfernt schien von allem, was Goethe zu seiner klassizistisch-antiquarischen Zeit unter Form hatte verstehen wollen. Aber er hatte, seit Schillers Tod, ja selbst von den »barbarischen Avantagen« vor- und antiklassischer Poesie Gebrauch zu machen begonnen, in der »Pandora« etwa, in Herzstücken von »Faust II«. Und auf einer neuen Stufe erfüllte die Hafis-Nachfolge ja immer noch – oder von frischem – ein Grundpostulat klassischer Poetik, das sich bei Hammer-Purgstall so las: »Es erhellet daraus, daß Hafis also weder ganz sinnlich noch ganz allegorisch verstanden werden müsse; sondern stellenweise als Herold des Sinnengenusses, und stellenweise als Zunge der mystischen Welt.« Da war es doch wieder, das alte sinnstiftende Gleichgewicht von Ideal und Leben, das *Symbol*, zugleich allgemeingeltend und konkret genießbar – verwandelt freilich: verzaubert in ein orientalisches Maskenspiel, das eine neue Freiheit des Verstecks, aber auch der Preisgabe, also der Diskretion *und* der Kühnheit versprach.

Es ist wichtig zu wissen, daß die ersten Gedichte des »West-östlichen Divan« unterwegs geschrieben wurden, auf Goethes erster Reise – Napoleon und sein Krieg waren vorläufig nach Elba verbannt – in die Vater- und Mutterstadt Frankfurt und an den Rhein seit siebzehn Jahren. Auch die ersten Liebesgedichte an Suleika entstehen also vor der Begegnung mit Marianne, sogar das berühmteste, »Selige Sehnsucht«. »Divan geordnet« sagt eine Tagebuchnotiz am 31. Juli 1814; erst am 4. August begegnet er Willemer und Marianne Jung in Wiesbaden. Als er sie, nach der festlichen Reise ins Rheinland mit Sulpiz Boisserée, einige Wochen später wiedersieht (übrigens erfreute sich auch Willemers verwitwete Tochter Rosine Goethes Aufmerksamkeit), ist die ehemalige Tänzerin und Sängerin Frau Willemer geworden. Zuneigung, gegenseitiges Entzücken zu dritt oder viert, hat es in jenem Sommer und Herbst wohl gegeben; so etwas wie eine Liebesgeschichte ist erst in Weimar, der Liebesdistanz daraus geworden, durch die inspirierte Weiterarbeit am west-östlichen Thema, durch die winterliche Arbeit an neuen, immer frisch nachwachsenden Divan-Gedichten. Erst der Sommer 1815, Goethes Wiederkunft in Frankfurt, an Main und Rhein, die orientalisierende Geburtstagsfeier am 28. August auf der Gerbermühle, der Ausflug nach Heidelberg bringen dann die volle – wir dürfen annehmen: nicht platonische – Liebesgegenwart des sechsundsechzigjährigen Mannes und der einunddreißigjährigen Frau, in diskreter An- und Abwesenheit des ehelichen Dritten. Dieser zweite Nachsommer bringt die *Wiederholung* im Sinn Kierkegaards: die tiefe Anfechtung des Ästhetischen durch das Pflichtgefühl der Entsagung; er bringt auch, im Oktober, den Herbst der Trennung, wie sich zeigt – wie Goethe gewußt und gewollt haben muß –, der endgültigen Trennung. Aus der Wiederholung, die beides ist: Wiedergeburt und Liebestod, zieht der »Divan« seinen unerschöpflichen Zauber, der ein Werk des gegenwärtigen Abschieds war: schließlich eine radikale Übersetzung des Erlebnisses in eine poetische Erfahrung – und in eine neue Erfahrung des Poetischen. Dazu gehört das Bewußtsein (man kann es auch Scham nennen), daß die Begegnung des gealterten Mannes mit der noch jungen Frau eines andern nicht symmetrisch war. Bei ihr hatte sie, wie ihre späteren Briefe, auch die beschwörende Bitte Willemers an Goethe beweisen, er möge doch wiederkommen, lindern, heilen, »und ich – ich ließ' euch gewähren« – bei ihr also hatte das Zusammentreffen das Gewicht der Passion, des Hungers nach wirklicher Aneignung. Bei Goethe war es nicht nur, aber auch das Zusammentreffen einer programmierten poetischen Erwartung mit ihrem unerwarteten, in seiner Realität erschütternden Gegenstand, ein trotz aller Beschwernis auch *glückliches*, jedenfalls günstiges Zusammentreffen. Das authentische Feuer war es, was seinem innerlich längst vorbereiteten »Divan« noch gefehlt hatte. *Wie* sehr es gefehlt hätte, können wir nicht zuletzt Mariannes eigenen Liebesgedichten entnehmen, die sich nahtlos in die vorbereitete Perlenkette einfügen. Der so Beglückte war bewegt, mehr als er sich hätte träumen lassen; aber er ließ sich nicht mehr bewegen, in Fleisch und Blut in die »Gerbermühle« oder ins »Rote Männchen« zurückzukehren. *Seine* Erfüllung war der »West-östliche Divan«, eine Erfüllung auf einem andern Blatt, dem der produktiven Re-signation. Aber sie war *auch* ein Raub am lebendigen Leben, und es gehört zum Erschreckenden dieser großen Dichtung, wie graziös sie diese Schuld zu verwinden weiß.

Es würde sich lohnen, viel mehr von den Willemers, diesem merkwürdigen Paar, und der heimlichen Melancholie ihrer Beziehung zu sagen. Dank Hans J. Weitz' Brief- und Dokumentenausgaben wissen wir genug über beide, das einen modernen Romancier – Christa Wolf oder Peter Härtling – in Bewegung setzen könnte. Willemer, elf Jahre jünger als Goethe, von ihm beauftragt mit der Abwicklung mütterlicher Nachlaßgeschäfte, bei ihrer Begegnung schon zum zweitenmal Witwer, ein erfolgreicher Bankier und Handelsmann der freien Reichsstadt Frankfurt, ein Neureicher vom Schlage des Diotima-Gatten Gontard, der die Zeitwirren, unter denen das Geschäft leidet, immer wieder zu nutzen weiß; ein Charakter trotzdem, kein Kollaborateur mit den französischen Besatzern, die ihn verhaften lassen; dennoch nicht ohne Sympathie für ihre Sache, Fluchthelfer des damals noch jakobinischen Görres, dann preußischer Hofbankier, spät, aber doch noch geadelt vom Hause Habsburg. Er unterstützt den in Not geratenen Pestalozzi, bei dem sein Sohn aus früherer Ehe Zögling gewesen war; als dieser Sohn bei einem-

Ehrenhandel fällt, verwendet er sich persönlich in Berlin für dessen Duell-Gegner – keine gemeine Natur also; ein dilettierender Dramatiker auch noch, Verfasser von Denkschriften zur Stadt- und Weltverbesserung, ein Liebhaber nicht nur des Frankfurter Theaters, dessen langjähriger Oberdirektor er war, sondern auch der Schauspieler, für deren Altersversorgung er sich einsetzt. Eine hoffnungsvolle, beim Tingeln etwas verwahrloste Sängerin, die österreichische Soubrette Maria Jung, kauft der Witwer ihrem Impresario für 2000 Gulden ab und nimmt sie als sogenanntes Mündel in sein Haus auf, läßt sie bilden, muß sie dann freilich den Hauslehrern, die sich in sie verlieben, wieder entziehen, etwa dem Gitarre-Künstler Clemens Brentano, der sie durchaus heiraten will. 1814, vielleicht nicht ganz ohne Goethes unfreiwillige Beihilfe, entschließt er sich, sein Verhältnis zu der Sängerin zu legalisieren. Auch die jung verwitwete Tochter Rosine ist ins Vaterhaus zurückgekehrt und wird in der Geschichte mit Goethe die Rolle der Brangäne spielen. Die Geschichte mit Goethe ist natürlich das große Evènement im Haus Willemer, eine ehrenvolle Belastung, die der Hausherr mit Würde und Generosität trägt. Er tut einem in seinen Briefen manchmal leid, dieser Frankfurter Geheimrat. Er ist ein Mensch, der in einem cholerischen Widerspruch zu seinen Talenten und Erfolgen lebt, die niemals ganz ausreichen, seinen Anspruch an sich selbst zu befriedigen, ein gelegentlicher Exzentriker und häufiger Depressiver, dessen letzte Jahre in Sprachlosigkeit und Gedächtnisschwäche versinken: ein König Marke, der, auch als Besitzender, sein Leben lang ein unglücklicher Liebhaber gewesen sein muß. Er bleibt empfindlich für Mariannes Unglück an seiner Seite, das sich in Nervenkrisen äußert, und im stillen durchdrungen von der Überzeugung, daß er es ist, so oder so, der Unglück bringt. Das alte Glückskind Goethe dagegen: ihn, der sich gern den Entsagenden nennt, haben die beiden Spätsommer 1814 und 1815 verjüngt und zum Dichter des »West-östlichen Divan« gemacht.

So will es die Legende. Sie ist, wie jede Legende, nicht unwahr, und sie wird bei näherem Zusehen zu einer Geschichte mit Kunstwerk-Charakter, einer nicht-geheuren Geschichte. Da hat sich einer mit persischer Dichtung beschäftigt und die exotische Kosmetik anprobiert, die seine Züge verjüngt. Im Zeichen und im Schutz dieser Maske reist er – nicht von der Heimat in die Fremde, sondern ja eigentlich umgekehrt: aus dem nie recht heimatlich gewordenen Weimar in die fremd gewordene Stadt seiner Geburt. Es ist die Stadt seiner Mutter in mehr als einem Sinn: die Goethes sind da noch nicht lange wer, aber die Textors waren immerhin Bürgermeister; und was der »Hätschelhans« an Urvertrauen, Lebenszuversicht und Fabulierlust mitbekommen hat, ist Mutter-Werk gewesen. Erst in Weimar hat der Muttersohn jene Vater-Eigenschaften der Ordnung, Strenge und Pedanterie entwickelt, die ihm in der Kindheit zur Last gewesen sind. Es ist also Heimkehr, die Reise nach Frankfurt, aber: er ist nicht mehr Bürger dieser Stadt, er hat nicht nur die ihm zustehenden Ämter ausgeschlagen, er hat ihr auch sein Vermögen entzogen. Die Mutter ist tot, das Haus verkauft, in dem er fabulieren gelernt hat. Er reist also in die Fremde heim, denn es gibt nichts Fremderes als eine Heimat, die von guten Geistern verlassen und nur noch von Gespenstern bewohnt ist. Sein neuer Persien-Fimmel spiegelt ihm zum voraus einen anderen Reise-Archetyp vor, die seelenrettende Reise des Muslims in die Stadt des Propheten, jene Hedschra, die er »Hegire« nennt und für die bereits ein Platz in seinem Gedichtbuch, seinem nachgedichteten Morgenland, vorgemerkt ist. Nur ist es ja in Wirklichkeit eine Reise nicht gen Osten, sondern nach Westen – eine Wirklichkeit, die, während er sie unterwegs, in Erfurt, Fulda zu besingen anfängt, schon ins Schwimmen gerät. Aber die wahren Fata Morganen beginnen erst jetzt. Er hat sein Blumenmädchen, das sich aus der Demoiselle Vulpius in eine korpulente, von Schiller ungalant »Blutwurst« genannte Frau Geheimrat verwandelt hat, in Weimar zurückgelassen, wie oft bei seinen Bade- und Bildungsreisen – nun begegnet ihm das Blumenmädchen in verjüngter Gestalt wieder, zu Hause in der Frankfurter Fremde, als Hauskind des dilettierenden Bankiers, eines Auch-Dichters, der ohne die reizende Marianne kaum sein Gastfreund geworden oder geblieben wäre und jetzt der eifersüchtige Hüter seines Glücks wird – eine tragikomische Rolle, in der Goethe frühere Konstellationen des Gefühls wiedererkannt haben muß. Etwa diejenige mit jener Charlotte, die zur Lotte Werthers, in Wirklichkeit aber Frau Buff wurde. Thomas Mann hat in der »Lotte in Weimar« eine brillante Interpretation dieser Goetheschen Urszene geliefert: dort der Ehrenmann und seine Anverlobte, hier der naschende Gast, der genialische Schmetterling, der den störenden Dritten ebenso verflucht wie *braucht* – wie könnte er sich sonst, wenn die Passion irdische Gewichte anzusetzen droht, einigermaßen ungeschoren aus der Affäre ziehen. Eine dämonische Konstellation, um Goethes Lieblingswort zu wiederholen – ein anderes aus der »Farbenlehre« hätte er im Alter wohl vorgezogen: »wiederholte Spiegelungen«. Goethe hat Glück, seine Art Glück; nach einer Epoche des Unmuts gefällt es dem Schicksal, ihn zwischen schaffende Spiegel zu versetzen, er wird, nach den Worten seines »Divan«, »eins und doppelt«. Goethe als Hafis in der »Gerbermühle«, so überrascht von Marianne, daß er der Fiktion *bedarf*, sie sei Suleika –, und im Schutz dieser Fiktion, dieses orientalischen Spiels, nur in diesem Schutz und gebunden an ihn, darf die Berührung sein, die wirkliche, doch schon im Kern nicht ganz reale Liebesgeschichte: *Erinnerung* bei Lebzeiten, körperhafte Erinnerung des alten Mannes an seine eigentliche Jugend. Aber so eigentlich nur erlaubt, wenn das uneigentliche Medium par excellence, die Poesie, die Vermittlung und heimliche Inszenierung des Verhältnisses übernimmt. Rosine Städel – Brangäne – in Ehren: aber wirklich zuständig ist sie nicht, auch wenn sie gebraucht wird, auch wenn sie später die verschlüsselten Liebesbriefe an die Andere empfängt. Denn der Liebestod durch Verklärung hat schon stattgefunden. Die Liebe ist überholt im *anderen* Leben des Gedichts. Dort darf des Lebens Leben »Geist« heißen, wie es dem Alter entspricht und der Poesie; in der »Gerbermühle«, wo das Leben Liebe schien, dauerte es nicht. »Was unsterblich im Gesang soll leben / muß im Leben untergehn.« So philosophisch und kategorisch wie Schiller hat es Goethe nicht ausgedrückt. Aber er hat danach gehandelt, will sagen: das Gedicht handelte so für ihn. Die Liebe hatte, nachdem sie die zu ihrer poetischen Erfüllung vorbestimmte Stelle gesegnet hatte, ihren Dienst getan. Die Wahrheit dieser Liebe war nicht Lüge, aber Schein – um diesen Preis mutet uns heute noch der wunderbare Schein des »West-östlichen Divan« wie eine Wahrheit an.

Eigentlich wollte ich *nur* von diesem Gedicht-Zyklus und nicht von seinen Unkosten reden. Aber gerade die Form, die diese Gedichte kraft der Erschütterung ihres vorbereiteten schönen Scheins gewonnen haben, transzendiert die »Erlebnisdichtung«. Diese Erschütterung zeitigt eine neue Freiheit – sie läßt nicht nur einen Dichter, sondern die Dichtung aufbrechen. »Goethe als Emigrant« heißt mein Thema. Ich möchte zeigen, inwiefern der »West-östliche Divan« die Auswanderung eines Dichters in eine neue Praxis poetischer Zeichensetzung darstellt – in deutscher Sprache vergleichbar nur mit anderen Werken Goethes selbst, ebenfalls sogenannten Alterswerken, den »Wanderjahren« und dem zweiten »Faust«. »Kolonie liebt und tapfer Vergessen der Geist«, lautet ein Hölderlinsches Distichon aus einer Variante von »Brod und Wein«. »Auswanderung« ist hier Ausdruck für eine Umsiedlung der Poesie auf einen Boden eigener Realität, die Neubegründung ihrer Möglichkeit und Sendung für die Moderne, eine Antwort auf die Frage: »Wozu Dichter in dürftiger Zeit?«

Sehen wir zu, wie der »West-östliche Divan« gemacht ist – und welchen Platz das Unvorhersehbare, Inkalkulable darin gewinnt. Zum Wundersamen dieses Buches gehört die Kadenz seiner Produktion. Zwischen dem 21. Juli 1814 – »Erschaffen und Beleben« – und dem 10. Oktober 1815, der Rückreise nach Weimar, ist das Wichtigste getan. Mit Ausnahme des »Buches des Paradieses« und einiger zum Briefwechsel Marianne-Goethe, also zur Nach- und Trauerarbeit gehörender Gedichte des Buches Suleika gibt es später an dem Corpus nur noch zu redigieren und zu »mundieren«, damit es eben wie ein Corpus, ein Werk in elf »Büchern«, erscheine. Es war nicht so geplant; und seine Suggestion von Planmäßigkeit bleibt sehr lückenhaft. Diese Läßlichkeit, so handfeste Gründe es dafür gibt – von Goethes stiefväterlichem Verhältnis zu seinen Gedichten überhaupt bis zum eingestandenen Mangel an orientalischer Expertise –, ist alles andere als Zufall. Diese Läßlichkeit verbirgt, wie wir sehen werden, ein Konzept.

Zunächst hatten die »Divan«-Gedichte nichts als ein lockerer Reisebericht eines imaginären Orient-Spaziergängers sein wollen, ein lyrischer Souvenirladen also mit einem erzählerisch-epischen Hintergrund, Mitbringsel eines Dilettanten für teilnehmende Freunde. In Wiesbaden, am 30. Mai 1815, also noch vor dem Hauptstück des Suleika-Romans, inventarisiert er »des deutschen Divans mannigfache Glieder«. Es sind inzwischen ihrer hundert, die runde Zahl legt einen Abschluß nahe. Dann bricht die Passion herein, die Sommergeschichte mit Marianne, und bildet sich aus zum »Buch Suleika«. Die lose epische Perlenschnur zerreißt erst einmal. Im Februar 1816 skizziert der Alte allein in Weimar ein neues Schema: es sollen jetzt »Bücher«, das heißt lyrische Kapitel werden, und zwar ihrer dreizehn. Sie sollen heißen: Buch des Dichters, Buch Hafis, Buch der Liebe, der Freunde, der Betrachtung, des Unmuts; Buch des Timur, der Sprüche, der Parabeln, Buch Suleika, des Schenken, des Parsen, des Paradieses. Diese Reihenfolge zeigt einen Universal-Dramaturgen am Werk, suggeriert jetzt einen geschichtlichen, wenn man will: heils- und erlösungsgeschichtlichen Ablauf: den Ursprung der Welt aus dem Geist des Dichters, des allgemeinen, dann des besonderen Hafis; die Entfaltung dieser Welt im Reich exemplarischer Gefühle, von der Liebe bis zum Unmut; in der Mitte der Einbruch des geschichtlichen Dämons und Weltveränderers, Timur-Napoleon; eine Katalogisierung der Rettungsmittel im allgemeinen, der Reflexion zuerst, dann der konkreten: der Liebe zu Frau und Jüngling, Suleika und dem Schenken; am Ende die Reinigung auch von diesen Gefühlen im parsischen Feuer; schließlich die Verklärung im Paradies. Daß dieser Zyklus umgestoßen wurde, hat kaum tiefsinnige Gründe, eher praktische, wohl auch politische; zu Timur mochte Goethe, nach Napoleons Sturz, aus Unlust oder politischer Scheu kein »Buch« mehr einfallen, es besteht am Ende nur aus zwei Stükken, die die tabuisierte Stelle markieren. Vorgezogen in diese Nachbarschaft, und zur Entlastung der reflektierenden Bücher, wurden dafür Suleika und der Schenke, also die am ehesten biographisch-»erlebnishaften« Partien, so daß die endgültigen zwölf Bücher nun einen eher triadischen Aufbau nahelegen: Dichter / Hafis / Liebe – Betrachtungen / Unmut / Sprüche – Timur / Suleika / Schenke – Parabel / Parse / Paradies.

Ich hüte mich, allzu viel Bedeutung in dieses spielerische Arrangement hineinzugeheimnissen. Sein wahres Geheimnis liegt, glaube ich, anderswo, nämlich eben in der Betonung seiner Unvollständigkeit *und* in der Erwartung, die Goethe daran knüpft. Für bemerkenswert möchte ich allerdings den Fortfall *eines* geplanten Buches halten: des Buchs der Freunde. Unter allen Lücken des Plans wird nämlich diese die folgenreichste sein: denn in sie sind gleichsam die »Noten und Abhandlungen zum Divan« gesprungen und haben dem Werk eine ganz neue, nicht nur poetologisch spannende, sondern geradezu sozialutopische Dimension gegeben – davon gleich mehr.

Halten wir fest: der vollendete »Divan«, das Gedichtbuch, ist ein unfertiges Buch – darin besteht die Eigenart seiner Vollendung, ja sein Programm *als* Fragment. Mit seltsamen Gefühlen lesen wir in den »Noten und Abhandlungen«, daß nur das »Buch Suleika« als »abgeschlossen zu gelten« habe, also jenes Buch, das nicht zufällig am populärsten, das auch am ehesten als »Erlebnis«-Dichtung zu qualifizieren ist – jene Dichtart, die wir in der deutschen Literatur zuerst mit Goethes Namen verbinden. Und jetzt also: »abgeschlossen«. Nicht erweiterungsfähig: das Urphänomen der Liebe ist in seiner konkreten Gestalt Suleika so wenig zur Entwicklung bestimmt, wie es voraussehbar war. Es ist ein Wunder – *gewesen*. Es gibt keine Konzeption, am wenigsten die auf Dauer, daran zu knüpfen; das ist so wahr, wie es schmerzlich ist. In einem tiefsten Sinn ist die lebendigste Stelle dieses Werks die am wenigsten zukunftsreiche: ein Einfall des Wunders, bei dem man nicht in fortgesetzter Gegenwart, nur in der Erinnerung verweilen kann. Erinnerung aber bedeutet Verwandlung in Poesie, ein Wunder, dem ein Sterben eingeboren ist. Verweile doch, du bist so schön: diese Forderung gibt der Liebesaugenblick nicht her, nur seine poetische Metamorphose, die *Arbeit*, die Trauerarbeit des »Divan«. Er untersteht als Ganzer nicht – nicht mehr – dem Gesetz des einzigen Erlebnisses, sondern dem der mitteilbaren Erfahrung. Aber welcher?

Erlauben Sie mir ein paar Vermutungen darüber, was der »Divan« *bedeutet*, wie die Interessen zu benennen sein könnten, die Goethe in diesem Buch dem Leser überliefert. Es mögen vorwitzige Vermutungen sein – die Kürze eines Vortrags wird nicht erlauben, sie so ausführlich wie notwendig und wie möglich zu dokumentieren. Ich riskiere den Satz: Der »West-östliche Divan« enthalte eine Anweisung – eine poetische Anweisung – zum Überleben des Menschen, die sich unter dreierlei Aspekten sehen läßt: einem ästhetischen, einem pädagogischen, schließlich einem sozialen oder sozial-utopischen. Der Ausgangspunkt ist die Erfahrung einer heillosen Zeit, die Goethe, wie Hafis, am eigenen Leib gemacht hat. Noch schärfer: die Weltgeschichte *ist* ein für allemal ein Ort der Heillosigkeit, der unvermeidlichen Gewalt, der immer sich erneuernden Despotie, der zwingenden Entfremdung der Menschen voneinander. Dem Unsinn der Weltgeschichte, die, von Gewalttätern fabriziert, die Gesetzmäßigkeit der Natur nicht kennt und kennen will, wird der Sinn der Welt-Literatur entgegengesetzt: als schutzwürdiger und -bedürftiger Freiraum der Humanität. Aber diese Weltliteratur ist keine umfassende Idee. Als solche würde sie, wie jedes Abstractum, zu Ideologie, sie müßte der Mißdeutung, ja ebenfalls dem geschichtlichen Unsinn verfallen. Sie ist symbolische Handlung, exemplarische Praxis. Sie handelt im offenbaren Geheimnis eines Kunstwerks, das im »Divan« sorgsam, listig, hinter-sinnig offenbart wird – denen, die sehen und hören wollen; als Amulett gegen einen Fortschritt der Geschichte, der uns Hören und Sehen vergehen läßt, modern gesprochen: die Menschen unempfindlich macht gegen ihre eigenen Bedürfnisse und grausam gegen die Bedürfnisse anderer.

Die Geheimhaltung des Offenbaren – die Offenbarung des Geheimnisses, das ist zuerst ein *ästhetisches* Projekt: denn »aisthein« heißt ja: wahrnehmen. Wir sollen, am »Divan«, wahrnehmen lernen, wozu wir fähig sind, um buchstäblich unser Leben zu retten. Diese Wahrnehmung ist die Grundlage für alles andere. Schon bei Schiller heißt es, der Mensch sei nur da ganz Mensch, wo er spiele. Dieser Forderung ist durch die Revolution der Kultur im Industrie-Zeitalter, noch kühner und dringender geworden. Die Gewalt der Geschichte hat klassizistische Formen poetischer Gegenstrategie, die sich nicht als haltbar erwiesen, gesprengt. Es kostet aber das Leben, wenn wir nicht spielen lernen; und Goethe ist überzeugt – er hat es bei Hafis erfahren –, daß es uns die Orientalen lehren können. Die Griechen-Anbeter sind zu

Morgenlandfahrern geworden. Um den innersten Gehalt der Klassik zu retten, muß man die klassische Form preisgeben oder tiefgreifend verändern. Wo die Sintflut droht, können wir uns nicht an die Steine von Winckelmanns Antike klammern; wir müssen schwimmen lernen. Schwimmen lernen, »im Euphrat hin und wieder schweifen«; anders und ebenfalls mit der Stimme des »Divan« gesprochen: »Schöpft des Dichters reine Hand – Wasser wird sich ballen«. Wie aber erwirbt man ihn, den Zauber der reinen Hand?

Nicht durch Klammern, sondern durch Loslassen; nicht durch Erstarren, sondern durch Liquidieren; nicht durch Festbleiben im »Alten Wahren«, sondern durch Metamorphose. Der »Divan« ist, neben so vielem anderen, ein Lehrbuch der notwendigen Verwandlung. Unter dem Stichwort »Araber« in den »Noten und Abhandlungen« verrät Goethe, was er von der östlichen Poesie gelernt hat. Ein »Rachegedicht aus Mahomets Zeit« wird, durch das Kunstmittel der versetzten Strophen, der künstlich gewechselten Perspektiven, zum Lehrmittel eines neuen Verfahrens, mit erdrückenden Gegenständen anders, nämlich poetisch, umzugehen. Der Schlüsselsatz lautet: »Höchst merkwürdig erscheint uns bei diesem Gedicht, daß die reine Prosa der Handlung durch Transposition der einzelnen Ereignisse poetisch wird.« Wenn wir dieses Verfahren auch bloß technisch benennen – Versetzung, Verstellung –, gewinnen wir doch bereits *einen* Schlüssel zum Verständnis des ganzen »Divan«. Denn dieser »Divan« spricht mit »verstellter Stimme« – derjenigen des Hafis, des mittelalterlichen Höflings, die eben als verstellte die Stimme Goethes wird – mit *erfrischter* Stimme, um ein anderes Hauptwort des Buches zu zitieren. Erfrischung: eines alten Mannes also, der als Zeitgenosse des beginnenden neunzehnten Jahrhunderts *unvermittelt* nie so gesprochen hätte; der nur im Schutz der Verstellung sein Gesicht zeigen darf. Dieser Schutz aber ist das poetische Wort; nur es kann ihn gewähren; ohne diesen Vor-wand würde die tiefere Wahrheit nicht sichtbar. Im Gedicht »Wink« wird dieses Verfahren am Bild des Fächers illustriert: er verbirgt das Gesicht des Mädchens. Aber was um so deutlicher durchblickt, ist das Leben seines Lebens: das schöne Auge; der sinnliche Inbegriff der Person. Die sprachliche Verstellung filtert die reale Erscheinung weg, erlaubt aber die Wahrnehmung des Wirklichen – *nur* der Fächer des Wortes erlaubt sie und bringt sie zum Leuchten, macht sie eben zum »Wink«. Winke aber sind seit alters, sagt Hölderlin, die Sprache der Götter. Man begreift nun, daß der Orient, die persische Verschlüsselung des Gedicht-Buchs, mit Allegorie nichts zu tun hat. Zwar scheidet sie das Zufällige aus, aber läßt nicht das Allgemeine, sondern gerade das Sinnlich-Konkrete und Einmalige durchblicken – durchblicken im genauen Sinn des Wortes. Die Wahrheit dieses Verfahrens, Fiktion genannt, bewährt sich in der Herstellung, im Erscheinenlassen der Einzelheit, der Individualität. Die Täuschung hat den Zweck, daß sich der Leser davon nicht täuschen oder blenden lasse, sondern daß er sehen lerne; Lust bekomme für den zweiten Blick auf das wahrhaft Schutzbedürftige: die »Einzelnheit«, die einen Sinn hat, weil sie zu den

Sinnen spricht. Dafür die erstaunliche orientalische Schutzveranstaltung, der Aufwand an Verstellung.

Der »Divan« enthält nicht nur, er praktiziert diese Poetik des Winks. Seine persischen Mysterien verweisen auf die Offenheit des Geheimnisses, vermitteln aber zugleich die Erfahrung – diesen Wink haben wir im zwanzigsten Jahrhundert kaum mehr nötig – seiner Bedrohtheit und Sterblichkeit. »Sag alles wahr, aber sag es schräg«, heißt es bei Emily Dickinson. Hier, im »Divan«, beginnt ein neues, sozusagen ungoethesches Konzept der Dichtung. Sie geht nicht mehr aus, wie das klassische Symbol, vom heimlichen Korrespondenz-Charakter des Außen und des Innen, von Ich und Welt, von Allgemeinem und Besonderem. Diese Zusammenhänge haben sich verdunkelt, und diese Dunkelheit gehört auch zum Charakter des Gedichts. Aber seine Hermetik ist kein Selbstzweck. Bei Goethe ist sie ein Spiel-Angebot, ein not-wendiges, weil nur der Homo ludens eine Chance hat, zu leben und, gegen alle Gewalt, Leben zu stiften – jene »schwache messianische Hoffnung«, von der Walter Benjamin in seinen geschichtsphilosophischen Betrachtungen spricht, zu realisieren, damit Geschichte einen Sinn, die Gegenwart eine Zukunft habe. Von diesem poetischen – nämlich vom Menschen hergestellten, der Herstellung bedürftigen – Sinn der Geschichte redet der »Divan« mit scheinbar fremder Zunge, weil nur sie den Mutterlaut des Vertrauens und Selbstvertrauens durch die Geschichte unserer Entfremdung bewahrt. Spielen heißt: die tägliche Negation unserer Existenz negieren lernen. Es ist die Aufhebung der Unfreiheit mit symbolischen

Mitteln, durch poetische Komposition. Bei Adorno können Sie die Theorie dazu finden, warum sie den wahren Dichtern nur noch als Dekomposition des Bekannten und Erwarteten möglich ist. In Goethes »Divan« finden Sie, anderthalb Jahrhunderte früher, ein Stück Praxis dazu. Das ist mehr als die »progressive Universalpoesie« der Romantiker, auch wenn es deren stärkster Beleg in deutscher Sprache ist. Es ist mehr, weil es auch weniger, also *weiter* ist: der Hintergrund ist keine mögliche Erfahrung von »Progress« mehr, sondern die der Bedrohung des Ganzen wie des Einzelnen und damit die Quelle aller Poesie. Der »Divan« ist ein Buch des literarischen Widerstands, Widerstand im Geiste der Poesie, »Brod und Wein«, ja: aber als Notration für ein nachromantisches, in allen seinen Hoffnungen von Grund auf angefochtenes Geschlecht.

Diese Anweisung zum Spielen, zur offenbarenden Entstellung, »Entstellung zur Kenntlichkeit«, enthält bei Goethe aber auch einen didaktischen, lehrhaften Zug. Die ästhetische Erziehung des Menschengeschlechtes kann nicht mehr, wie bei Schiller, ein großes universales Programm, sondern nur noch eine ans Individuum gerichtete Zusprache sein, nicht nur an den Einzelnen gerichtet, sondern an den *Vereinzelten* – in den »Noten und Abhandlungen« wird dieser intime Redegestus deutlich. Er erklärt sich, vordergründig, aus ihrem einführenden Charakter. Zweifel – Einrede, Nachtrag – Warnung, Vergleichung, Verwahrung – so lauten etwa die Untertitel, in denen der Orientreisende deutschen Lesern das fremde Thema ausbreitet. Ein Liebhaber, der sich ein wenig, durchaus nicht fachmännisch, im alten Persien, seiner Geschichte, bei Hafis und seinen Dichterkollegen umgesehen hat, breitet scheinbar behaglich die Geheimnisse seines Orients aus, fällt sich selbst ins Wort, wenn er eins zuviel oder zuwenig gesagt hat. Fingiert wird eine Reiseerzählung unter Freunden, auf dem persisch drapierten Divan. Goethe spielt, was er ja auch ist, den Halbwissenden, den Lernenden, der seine Gelehrsamkeit lächelnd präsentiert. Aber eben so verbirgt er nicht, daß er zugleich, ohne Schulmeisterei, ein Lehrstück anbietet: ein Lehrstück adäquater, nämlich dilettantischer, das heißt liebevoller Umgangsform mit neuen Gegenständen. Es ist der Orient, vergleichsweise, beispielsweise der Orient – es könnte auch etwas anderes sein, Pflanze, Farbe, Wolke, Steine. Es ist im Grunde die Erziehung eines Hörers oder Lesers zur Du-Form und damit eine Anweisung zum Ich-Sein, zur Personalität, zur Neugier des beweglichen Individuums, des ganzen Menschen. Wissen, daß man nichts weiß oder nicht genug, ist zugleich die Mitteilung, daß man für Erfahrung, jede Erfahrung, offenbleiben will. Es ist, seit Sokrates, die Signatur der Weisheit, der Wissenschaft aus Menschenliebe, aus wahrem Interesse an der Sache, also das Gegenteil von bornierter Expertise. Der Dichter als Erzieher des Menschengeschlechts: hier wird er zum Meister im vollen, gerade in den östlichen Kulturen geläufigen Sinn des Wortes; ein Meister in der Freiheit von jeder Autorität; ein Führer ohne Anspruch, ein Helfer auf dem Weg – jenem Weg, der dort Tao heißt. Man kann ihn nicht zeigen, diesen Weg, man zeigt ihn, indem man ihn geht, allein, auf eigenes Risiko – und wird eben dadurch, nur dadurch, ein Vorbild für andere. Auf diesen mystischen Kern hat sich der Gesetzgebungsanspruch der Weltreligionen, auch des Islam, im »Divan« zusammengezogen. Der »Divan« ist ja auch ein Buch gegen alles Pfaffen- und Vorschriftenwesen; gerade in diesem Punkt hat Goethe der Ketzer Hafis als Leitstern gedient. Der »Divan« vermittelt nicht Gesetze, sondern Entdeckerlust, Spielwitz und Weltfrömmigkeit. Er macht Mut, und noch mehr Lust, zur Lebensfreude unter Brüdern – am Ende der einzigen Versicherung gegen Gewalt; er zielt auf das Gesetz, das sich der Hörer, wenn er für den verstellten Zuspruch ein Ohr hat, selber geben lernt. Hier erweist sich der Glasperlenspieler als Lebemeister. Der wahre Gottesbeweis, der einzige Sinn der Schöpfung, den er gelten läßt, ist der von Goethe anderswo, im Winckelmann-Nachruf beschriebene: ob sich ein einzelner Mensch, demütig, aber nicht eingeschüchtert von den Veranstaltungen des Universums, am Ende »unbewußt seines Daseins erfreut«.

Der »Divan« ist also ein Buch zum Wiedererkennen unter Brüdern und Schwestern. Es enthält sogar technische Anweisungen dazu – spielerische, was sonst; nur solche sind solide und geschützt genug. Goethe und »Mariane« haben nicht erst aus der Ferne Nachrichten ausgetauscht, die der sogenannte Zufall zusammengestellt hat. Sie haben schon in der »Gerbermühle« aus Hafis Gedichten Wörter, Sätze mit der Nadel herausgepickt und zu neuen Liebesbekenntnissen zusammengefügt, an denen nichts zufällig war. Denn so konnten sie einander sagen, was nicht bloß die gesellschaftliche Rücksicht zu sagen *verbot*, sondern was die Neuheit der gemeinsamen Erfindung zu erfinden *erlaubte*. Das »Allgemeinste«, der Zufall, wurde zum adäquaten Boten des Intimsten und des poetisch Radikalsten. Goethe empfiehlt diese »stochastische« Kunst in seinem »Divan«-Kommentar – das ist eine versteckte Reverenz nicht nur an die Geliebte, sondern auch ein Wink für den Leser. In der räumlichen Entfernung, der historischen Entfremdung, der politischen und sozialen Bedrängnis muß es Verfahren geben, sich eines fremden Mediums zur Bewahrung und Verwahrung des Eigensten zu bedienen; man muß sie nur finden. Man kann sie auch immer wieder *er*finden. Denn größer als die Gewalt ist allemal die Kunst der Phantasie: sie verbindet Liebende nicht nur, sie macht Liebende. Sie bleiben liebesfähig durch die Lust zum Spiel. Die Poesie ist der Code, der das *Mögliche* bewahrt. Das ist aber auch eine Anweisung zum Widerstand gegen das, was uns heute alltäglich bedroht: die Vereisung durch Sachzwänge, den Tod im Leben, den Untergang der Menschheit – zuerst der Menschlichkeit – im Absterben der Phantasie; die Verzweiflung, die sich immer noch als Leistung, als Fortschritt des Bruttosozialprodukts präsentiert.

Und damit komme ich zur letzten geheimen Weisung des »Divan«. Das »Buch der Freunde« ist im Gedichtteil nicht geschrieben worden; es steht aber doch da. Die »Noten und Abhandlungen« sind dieses Buch der Freunde. Sie sind nicht nur die genialste und unauffälligste Poetik in deutscher Sprache; eine Lehre nicht nur der Dichtkunst, sondern ein Wink zur rechten Lebenskunst – im Geiste der wahren Verstellung, der Verstellung zum Wahren hin. Sie sind auch ein Rechenschaftsbericht über die Gesellschaft, in der sich Goethe damit befindet, und, dank seiner Hinweise, der Leser. Es ist die Gesellschaft der persischen und biblischen Dichter, gewiß – aber auch der westlichen Morgenlandfahrer, die Goethes Interesse geweckt haben; von Marco Polo über das heimliche Alter ego Pietro della Valle bis zu den geistigen Reiseführern und Eideshelfern, den deutschen, englischen, französischen Gewährsleuten, Forschern, Philologen, Übersetzern, ohne die der Funke der Hafis-Botschaft nicht auf Goethe übergesprungen wäre. Diese Gesellschaft wird in den »Noten und Abhandlungen« zur Ahnengalerie nicht nur von Goethes Interesse, sondern auch zu Bürgen eines »künftigen Divan«. Und damit bekommt die Tatsache, daß das Buch unvollendet ist, programmatischen Charakter, einen unauffälligen Anspruch. Es öffnet sich auf eine aufregende Art zum Leser hin, der als Weiter-Dichter eingesetzt, um nicht zu sagen: geweiht wird, spielerisch, versteht sich, also in tiefem Ernst. »Man hat in Deutschland zu einer gewissen Zeit manche Druckschriften verteilt als Manuskript für Freunde. Wem dies befremdlich sein könnte, der bedenke, daß doch am Ende jedes Buch nur für Teilnehmer, für Freunde, für Liebhaber des Verfassers geschrieben sei. Meinen ›Divan‹ besonders möcht ich also bezeichnen, dessen gegenwärtige Ausgabe nur als unvollkommen betrachtet werden kann.« Diese unverfänglichen Sätze enthalten sehr viel. Natürlich, neben der schlichten Wahrheit, den klassischen Autoren-Topos der Unzulänglichkeit des eigenen Werks, die Selbstverpflichtung auf Besserung, Erweiterung, Fortdichtung. Selbst wenn Goethe sie eingelöst hätte, sie wiese trotzdem weit über sein Todesjahr hinaus. Denn diese Weisung steckt in der Kompositions-Art des Buches; sein Kern ist qualifizierte Unvollendung, jetzt als Stiftung eines Bundes für Nachgeborene – Goethe nennt sie anderswo »berechtigte Männer«. Der »Divan« ist den Wenigen zugedacht, die aus seinem Buch Mut und Lust schöpfen, selbst Morgenlandfahrer, Auswanderer ins Neue, Eigene, Eigentümliche zu werden. Er hatte geschichtliche Gründe, an wenige zu denken, die wir heute noch besser würdigen können. Die Samisdat-Verbreitung, die der meistgedruckte deutsche Dichter seinen Lesern nahelegt, ist keine Koketterie, sondern ein Testament, eine Verpflichtung, eine Bitte um Weitersagen von Mund zu Ohr – »Sagt es niemand, nur dem Weisen«. Das empfiehlt sich in gesellschaftlichen Systemen, die die Möglichkeit, anders zu sein, die Freiheit des Hafis, unter Strafe stellen. Der Preis für poetisches Verhalten ist hoch, in manchen Systemen kann er das Leben kosten. Sein Gewinn freilich ist das wirkliche Leben.

Goethe hat nicht nur als Freimaurer, sondern als Dichter ein Leben lang gern mit dem Gedanken geheimer Bünde, Turm-Gesellschaften, Organen des »vorwaltenden Leitenden« im Dienst der Humanität gespielt. Ich sage: gespielt; denn das letzte Wort hat die Ironie, der tiefere Spieltrieb seiner Werke, diesen Brüderschaften nie gelassen. Auch im »Divan« ist die Anweisung zur Geheimhaltung – die Bitte um intimes Gehör – zwar ernst, aber nicht wörtlich gemeint; so wenig wörtlich, wie der »Divan« als Ganzes zu verstehen ist: Wir haben gesehen, daß die Offenbarung seines Geheimnisses an die Fähigkeit geknüpft ist, im Wort, durch den Fächer des Wortes, den Sinn zu sehen. Nicht den Hintersinn, sondern den Augensinn, den Schöpfungssinn also, die uns eingepflanzte Fähigkeit zur Weiterschöpfung. Diese Gabe soll nie durch einen Buchstabenglauben verschüttet werden – aber ebensowenig durch mystisches Geraune. Ein schutzwürdiges Geheimnis bleibt sie doch, ein »Geheimnis den meisten«, wie Goethe die *Form* des Kunstwerks – anders als seinen Gehalt, seinen Stoff – bezeichnet hat. Diese Form aber ist, beim Individuum, Lebensform oder Lebenskunst – und unter Brüdern, in der Gesellschaft, Umgangsform, Kunst der Verständigung, wirkliche Fraternité; also das uneingelöste Versprechen aller Revolutionen und Massenbewegungen. Sie ist, diese Form, eine Sache kleiner Gesellschaften – auch Schiller gelangt am Ende seiner »Ästhetischen Erziehung« wohl oder übel zu diesem Schluß.

»Geselle dich zur kleinsten Schar«, heißt aber nicht mehr Weimar, Adel oder gar Elite. Es heißt: wage für dich zu stehen, wenn auch allein. Werde, was du bist, dann findest du den anderen, der dir gleicht, weil er das Seinige tut. Es heißt aber auch: Zellenbildung der erfindungs- und phantasiefähigen Menschen gegen die drohende Unmenschlichkeit der Strukturen. Dieses Lied, von dem wir einiges zu singen wissen, ist im »Divan« leise vorgesungen: wer Ohren hat zu hören, der höre. Ein kastalisches Idyll, ein Paradies der Glasperlenspieler? Aber zum »Divan« gehört zentral das

Motiv – zu deutsch: der Beweggrund – zur *Auswanderung* aus dem Paradies. In Hesses Glasperlen-Roman ist es das Opfer Josef Knechts für einen einzelnen; der Meister muß bereit sein, wieder zu werden, was seine Meisterschaft allein legitimiert: Knecht, wie auch Jesus im Islam nicht Gottes Sohn, sondern Gottes Knecht heißt; also Mensch für den Menschen, wenn es nicht anders geht: bis zum Opfer. *Stirb* und werde – die spielerische Botschaft ist auch die ernsteste. Denn sie verlangt von jedem von uns einzeln, was wir der Menschlichkeit als ganzer schulden. Zehn Gerechte sollen es sein, um derentwillen, sagt die jüdische Legende, die Welt nicht untergeht. Aber sie sagt auch: Wer inne wird, daß er zu diesen Gerechten gehört, muß auf der Stelle sterben. Es muß also ein Nichtwissen in unserem Wissen geben, das nicht nur die Welt rettet, sondern auch unser eigenes Leben. Dieses Nichtwissen, das tiefer reicht als alles Wissen, zeigt sich im »Divan« als Läßlichkeit und Unvollendung, als Spiel. Der »West-östliche Divan« ist ein Spiel, das dafür ersonnen wurde, absichtslos, daß jeder seine eigenen Regeln finden muß. Diese Erfindung nannten wir Lebenskunst.

Große Töne: ich habe zum Schluß das Bedürfnis nach einer Fußnote dazu, einer fußgängerischen Beobachtung. Vergessen wir Mariane nicht, das im »Divan« als einziges »abgeschlossene« Kapitel. Sie hatte ihren Namen von Goethe, bevor der Geheime Rat ihr begegnet ist. Marianne Jung, die kleine österreichische Sängerin, wurde im Hause Willemer nämlich zur Mariane, weil ihr Gönner und Liebhaber Wilhelm-Meister-verrückt war und sie nach seiner Lieblingsfigur in Goethes Roman umtaufte. Später, als sie zur Frau Willemer avanciert war, wurde sie dann also zum zweitenmal ein Geschöpf des Meisters und bekam den Namen Suleika. Willemer wäre bereit gewesen, seine Liebe zu Goethe weiter zu treiben als seine wohlerworbenen Eherechte. Als er dem Meister von Mariannes Depression schrieb, nannte er sie mit Betonung »unsere Mariane« und bat um ein neues Liebeswunder – er hätte auch diesmal den Preis dafür bezahlt. Goethe, der sich dem Angebot entzog, schenkte der Welt dafür eine Figur und einen Band großer Gedichte. Später erfuhr diese Welt, daß diejenigen, die sie für die wunderbarsten gehalten hatte, nicht von Goethe waren, sondern von Marianne – Marianne in der Verkleidung Suleikas. Am Ende setzte er ihr das letzte, bis heute, scheint mir, unbeachtete Denkmal: im fünften Akt von »Faust II«. Der verwandelte Faust singt dort der Himmelskönigin seine himmlischen Verse zu: »Hier ist die Aussicht frei / Der Geist erhoben / Dort ziehen Fraun vorbei / Schwebend nach oben. / Die Herrliche mitten inn / Im Sternenkranze, / Die Himmelskönigin – / Ich seh's am Glanze.« Wie aber heißt er nun, der sublimierte Doktor Faust? Doktor Marianus. Heißt er nur nach der Gottesmutter? Oder auch nach der anderen, seiner, »unserer« Mariane, die ebenfalls »Maria« getauft worden war und 1860, stimmlos geworden, als Marianne Willemer, seit zweiundzwanzig Jahren Witwe, starb?

Wiederholte Spiegelungen. Der Glanz in Ehren. Aber die wirkliche Marianne hatte, als sie noch lebte, dem fernen Meister, der nie kommen wollte, unter anderem folgendes geschrieben: »Von mir weiß ich wenig zu sagen, denn das Viele, was ich allenfalls zu sagen hätte, wissen Sie besser als ich. Die Vergangenheit gab mir viel! zu viel! es wäre ungerecht, wenn ich von der Zukunft noch etwas erwarten wollte.« (18.12.1820)

Peinlich – wie der Erdenrest, der den »vollendeteren Engeln« »zu tragen peinlich« war. Er geht nicht auf, auch in der höher genannten Sphäre der großen Dichtung geht er nicht auf. Es ist wohl anders: um solche Erdenreste entsteht und erneuert sich die Dichtung, um ihretwillen wird das Dichten fortgesetzt, bleibt der »West-östliche Divan« vollendungsbedürftig. »Nur um der Hoffnungslosen willen ist uns die Hoffnung gegeben« (Walter Benjamin). Nur den Gedankenlosen läßt der Glanz der Perlen vergessen, daß der Fremdkörper im Geschlechtsorgan der Muschel, um den sich das Schmuckstück bildete, anstößig, Pein und Schmerz gewesen war. Wenn wir aufgefordert sind, die in sich wiederholte Spiegelung des »West-östlichen Divan« durch eine eigene und spielstarke Existenz fortzuspiegeln, fehlt uns die Hauptsache, wenn uns das Auge für den Schatten fehlt, ohne den Kunst wie Lebenskunst körperlos wären. Von diesem dunklen Grund hebt sich die Kunst nicht nur ab, er hat sie hervorgebracht, und aus ihm allein schöpft sie ihren Glanz. Sie ist Not gewesen, bevor sie uns erscheinen darf wie Notwendigkeit.

»Die gewöhnlichen Erwartungen von Einheit und Zusammenhang täuscht dieser Roman ebensooft als er sie erfüllt.«

Friedrich Schlegel über Goethes Meister (Lehrjahre)

»Wer lange in bedeutenden Verhältnissen lebt, dem begegnet freilich nicht alles, was dem Menschen begegnen kann, aber doch das Analoge und vielleicht einiges, was ohne Beispiel war.«

(Aus Makariens Archiv)

»Bis zum Durchsichtigen gebildet«
»Wilhelm Meisters Wanderjahre«

[1982]

I

»Wilhelm Meisters Lehrjahre, oder die Wallfahrt nach dem Adelsdiplom«, neckte Novalis, hier einmal der Junker von Hardenberg, einen Roman, den er, wie seine romantisch-theoretischen Freunde, als musterhaft betrachtete. Den »Lehrjahren« entnahmen sie eine Praxis vollkommener Erzählsouveränität, die sie »Ironie« nannten: die freibleibende Präsenz des Schöpfers in seiner Schöpfung. In ihrem Sinn ironisch war das über Wilhelm »vorwaltende Leitende« behandelt. Die keineswegs gottähnliche »Turmgesellschaft« begleitete den Bürgersohn, ohne ihn zu führen, bis er durch Versuch und Irrtum zum Menschen geworden war. Indem er aber den Zufall seiner Lebensumstände gebrauchen lernt, wird er zugleich zur vorbildlichen Kunstfigur, deren formale Vollendung zusammenfällt mit ihrer substantiellen Offenheit. Was die Französische Revolution für die Praxis der Menschheit, Fichtes »Wissenschaftslehre« für ihre Philosophie, das soll, nach Friedrich Schlegels erstaunlicher Maxime, Goethes Roman für die Kunst sein: eine der drei »größten Tendenzen des Zeitalters«, nämlich eine Vorschule der Lebenskunst, ihre vor-gespiegelte Organisation in *einem* Werk, ein Muster »gebildeter Willkür«. Natürlich ist die Zusammenstellung mit der Französischen Revolution das frappierendste Stück von Schlegels Kombination. In der Tat hatten die »Lehrjahre«, zuerst im Medium des Theaters, auch die Standesordnung mit Freiheit behandelt; sie hatten diese Ordnung wie jede andere zur Disposition einer Humanität gestellt, deren Läßlichkeit – oder wenn man will: deren relativierende Kraft – universal und beiläufig auch revolutionär war, ein Entzücken der jungen Kritiker, ein Ärgernis den Moralisten. Schiller, kein Freund der Schlegels, stimmte in der Einschätzung der »Lehrjahre« mit ihnen überein: der klassische Spieltheoretiker war auch der erste bedeutende Kritiker des Romans. Zwar neigte er dazu, mehr System hineinzubringen, als Goethe bequem war – weshalb dieser den Roman an entscheidender Stelle der Mitsprache des Partners entzog, die so unentbehrlich geschienen hatte. Aber er wußte, daß er auch darin Schillers tieferes Einverständnis besaß: »dem Vortrefflichen gegenüber gibt es keine Freiheit als die Liebe«. (Goethe wird diesen Satz in den »Wahlverwandtschaften«

zitieren, aber aus der »Freiheit« ein »Rettungsmittel« machen.) Schiller gestand, neben Goethe ein poetischer Lump zu sein – aber der Kritiker ließ sich nicht lumpen: es waren die Grundsätze, die sich der wahren Erfindung beugen mußten, nicht umgekehrt.

Schiller, dem Geburtshelfer des klassischen »Meister« und dem Anstifter zur Fortsetzung, wird dreißig Jahre später, jenseits des Grabes, denn auch das letzte Wort in dieser Bildungssache gewidmet, das nun kein klassisches mehr, nur noch ein geisterhaftes sein kann. Vor Schillers Schädel endet sogar Goethes berühmte Totenscheu: »Als ich inmitten solcher starren Menge / Unschätzbar herrlich ein Gebild' gewahrte / Daß in des Raumes Moderkält' und Enge / Ich frei und wärmefühlend mich erquickte, / Als ob ein Lebensquell dem Tod entspränge.« So steht das »Meister«-Thema schon von seiner Entstehungsgeschichte her unter dem Zeichen, das es dann inhaltlich einzuholen und recht zu deuten unternimmt: dem Zeichen gefährdeter und bewältigter Brüderlichkeit. »Ist fortzusetzen«, heißt es am Schluß des Gedichtes: damit geht das Vermächtnis an den Leser über. Und sein Kern, die fortzeugende »Gott-Natur«, ist widerspruchsvoll wie alles wirklich Lebendige: »Wie sie das Feste läßt zu Geist verrinnen / Wie sie das Geisterzeugte fest bewahre.« »Ist fortzusetzen«. Sind wir die Leute dafür?

II

Daß Wilhelm seine Natalie bekomme, verlangt der konventionelle Roman; der ironische hat es offengelassen. Der Geist der »Lehrjahre« läutet keine Glokken; er zeigt sich in einem Vorbehalt gegen »Lösungen«, der in der Fortsetzung der »Wanderjahre« – unter der vieldeutigen Chiffre »Entsagung« – zur Maxime des Kunstwerks erhoben sein wird.

Goethe vollendete die »Wanderjahre« mehr als zwanzig Jahre später – will sagen: er schloß sie in zwei Stufen ab: die erste Fassung 1821, die zweite 1829. Wir werden sehen, warum sich angesichts dieser immer wieder abgerissenen, immer wieder vorschwebenden Arbeit die Kategorie »Vollendung« verbietet – und nicht nur aus äußeren Gründen. Die Rezeption zeigte, daß das Werk die Fassungskraft des Publikums überforderte. Die »Wanderjahre« eines bigotten Pfarrers namens Pustkuchen, der mit Goethes Weltsinn abrechnete, erschienen ebenfalls 1821 und wurden fleißiger gelesen. Das Deutschland aber, das sich das »junge« nannte, diskutierte vor allem die Sozialutopie oder die pädagogischen Konzepte und ließ höchstens die gute Absicht gelten. Wenn man den Roman als Lehrmittel begriff, wußte niemand mit der Lehre so recht etwas anzufangen. Für eine Grille schien es zu ernsthaft, für ein Kunstwerk zu disparat. So sind die »Wanderjahre« noch länger als das übrige Alterswerk eine abseitige und unpopuläre Arbeit geblieben. Ihr großartiger Eigensinn bleibt noch zu entdecken, wie derjenige der »Farbenlehre«. Vielleicht muß dafür mehr untergegangen sein als eine Epoche. Von der drohenden Selbstzerstörung der Industriegesellschaft her lesen sich die »Wanderjahre« wie eine bedeutende Neuigkeit.

Zwischen der Vollendung der »Lehrjahre« in den neunziger Jahren und den zwei Druckfassungen der »Wanderjahre« liegt ein Weltuntergang: der endgültige Zusammenbruch des feudalen Europa; der Versuch seiner Restauration mit den Mitteln des Polizeistaates; die Unterwanderung dieses Versuchs durch die industrielle Revolution. Napoleon hatte das europäische Staatensystem zerschmettert. Der Erbe der Revolution mochte ihre Maximen preisgegeben haben, aber unter der Wirkung seiner Schläge breiteten sich revolutionäre Tatsachen aus. Seine Gegner mußten ihren Bevölkerungen Verfassungen in Aussicht stellen, um ihren Patriotismus zu mobilisieren; und auch wenn die Reformen verhindert, der Patriotismus zum Nationalstolz verengt wurde, sorgten ökonomische Notwendigkeiten für die Fortbewegung der Verhältnisse. Die Bauern, die den Loskauf von der Fron mit dem Verlust ihres Bodens bezahlten, wurden von der neuen Klasse der Unternehmer als Arbeitskräfte benötigt: wenigstens diese »Freiheit« wollten sich die fortschrittlichen Herren von den alten nicht verkümmern lassen. Aber auch sie begannen schon zu Goethes Lebzeiten den Widerstand der Ausgebeuteten zu fühlen. Die Wortführer der Lohnarbeiter träumten von der Abschaffung *aller* Herrschaftsverhältnisse, zunächst mit Berufung auf evangelische Verheißungen und vorindustrielle Lebensart. Aber die Entwicklung von Technik, Wirtschaft und Verkehr, der Kampf um die Weltmärkte und um wachsende Profitraten kümmerte sich nicht um das »falsche Bewußtsein« der Beteiligten, so wenig wie um die territorialen, ständischen, polizeilichen und moralischen Grenzen, die der alte Treu-und-Glauben-Staat der neuen Ökonomie ziehen wollte. Auf die Dauer mußte er zu ihrem Teilhaber werden oder verschwinden. Die kalkulablen Verhältnisse, die die Aufklärung gefordert hatte, traten jetzt als nackte wirtschaftliche Vernunft hervor. Daß dies nicht der gewünschte Fortschritt zur Humanität war, hatte das Elend der schlesischen Weber drastisch vor Augen geführt. Aber auch das alte Handwerk hatte keinen goldenen Boden mehr. »Wanderjahre« konnte für manchen Gesellen dieser Zeit nur noch die Hoffnung bedeuten, Amerika habe es besser. Die erste Fassung der »Wanderjahre« war noch ein Tendenzbuch gegen die Auswanderung; daß die Enterbten einer positiven Alternative bedurften, war eines der Motive zur Weitergestaltung des sozialen Themas.

III

Die »Wanderjahre« sind, pointierter als die »Lehrjahre«, ein Gesellschaftsroman; ein Buch, in dem die Gesellschaft als ganze, nicht ein bildsamer Held allein, Träger und Adressat der pädagogischen Hoffnung ist. Diese muß als gemeinsame Lebensfrage behandelt werden – und als Frage nach der Möglichkeit, der Tragfähigkeit von Gemeinschaft überhaupt. Und die Trägerschaft kann nicht mehr, wie vor drei Jahrzehnten in den »Lehrjahren«, ein ironisch humanisierter, ökonomisch sorgloser Grundadel sein.

Auf den ersten Blick lesen sich die »Wanderjahre« wie ein Lob des Handwerks (»Technik« kann Goethe noch als Synonym behandeln). Es taucht schon im ersten Kapitel als quasi heiligmäßige Arbeit auf: in St. Joseph, dem Zimmermann, dem später noch ein St. Christoph folgen wird. Goethe scheint einer archaisierenden Mode nachzugeben und den Kult eines romantisch verklärten christlichen Universums mitzufeiern. Vor Zeiten hatte »Wanderschaft« noch soviel bedeutet wie: Lust an der Er-fahrung, die sich der Geselle durch Fahren erwirbt und die er dem Bodensassen voraus hat – aber um sie ihm am Ende wieder zugute kommen zu lassen. Wanderjahre waren Lehrzeit in der Ferne: aber ihr Ziel war die Nähe zur Urproduktion. Die Kunst des Handwerkers stand dem Bauern oder dem vom Land lebenden Bürger zur Verfügung. Sie war spezialisiert, ohne entfremdet zu sein, denn der Meister war noch kein Rad einer unübersichtlichen Maschine. Er tat nur eins, aber dies recht und ganz. Was er schaffte, hatte unmittelbaren Gebrauchswert für die andern und trug zugleich den Stempel seiner Individualität. Zwar war es die Stadt, der befestigte Markt, wo das Handwerk gedieh, aber ihre Mauern waren noch keine Fessel, sondern dienten dem Schutz eines althergebrachten, zünftig geordneten Monopols.

In der Entstehungszeit der »Wanderjahre« beginnen diese Mauern zu fallen. Sie sind militärisch wie wirtschaftlich unhaltbar geworden. Der Fleiß begibt sich auf den Weg zur Industrie, der Gebrauchsgegenstand will Ware werden; die Fabriken suchen den freien Raum der Vorstädte und des flachen Landes, wo Wasser- und Dampfkraft verfügbar und die besitzlos gewordenen Arbeitskräfte zur Hand sind. Langsam nehmen Stadt und Land Züge von Industriegebiet an;

damit verliert auch die Arbeit des Handwerkers ihre Lebensgrundlage. Der Prozeß seiner Disqualifikation läuft nicht dramatisch, sondern allmählich ab. Er scheint gleichsam naturwüchsig nur die Tüchtigsten bestehen zu lassen – so wird in den »Wanderjahren« aus dem Geschirrflicker unter der Hand ein Fabrikant. Die Erschütterung des Handwerksstandes wird vom Einzelnen, der sie nicht zu nützen weiß, noch lange als persönliches Mißgeschick erfahren. Die Bergbewohner der »Wanderjahre« betreiben ihre Heimarbeit so, als wäre sie ein Handwerk; erst wenn sie »wandern« müssen, fällt der Schleier des Idylls und meldet sich die Existenznot. Dann wird deutlich, daß sie Arbeiter waren, deren Arbeit den veränderten Bedingungen nicht mehr genügt.

IV

Es fällt auf, wie die »Wanderjahre« den schönen Schein festhalten. Lenardos Tagebuch schildert die Heimarbeit im Gebirge in klassischem Stil als Studienplatz anmutiger weiblicher Bewegung. Nausikaas Mägde, unter denen der Besucher seine Guteschöne sucht, scheinen nichts von der Spinning Jenny zu wissen, und die Sachprosa – bei der Goethe auf Meyers Schweizkunde zurückgriff – läßt überall den Gestus des Feinschmeckers durchblicken. Das Spinngerät wird zwar peinlich genau beschrieben, aber nicht als Maschine wahrgenommen. Es dient nur der Ästhetik des Fleißes. Wo von Maschinen geredet wird, erscheinen sie freilich als Bedrohung. Von der Universalhumanität der »Lehrjahre« sind die »Wanderjahre« in eine reale Arbeitswelt abgekommen. Desto entschiedener scheinen sie die Kunst – und ihren Bildungswert – an ein vertrautes Produktionsniveau zu binden. Das solide Handwerk selber soll – so beschließen es die »Verbündeten« – in Zukunft als »Kunst« gelten, und zwar als »strenge« Kunst; im Gegensatz zur müßig gewordenen »freien«. Auf solide, identitätsbildende Handarbeit sollen die Figuren des Romans, von den Zöglingen der »Pädagogischen Provinz« bis zu Wilhelm Meister selbst, verpflichtet werden. »Durchs Nützliche zum Wahren und Schönen«; diese Hierarchie läßt die klassische Heldenrolle im Roman nicht mehr gedeihen. Auch die Titelfigur ist ein »Wandernder« unter anderen geworden, der seinen Anspruch auf Individualität und Autonomie der Nützlichkeitsklausel unterstellen muß.

Nach der Wallfahrt zum Adelsdiplom die Ausbildung zum Wundarzt? Aber auch dieser neue Weg hat sein Geheimnis. Jedenfalls macht Goethe eins draus. Was Wilhelm seinem Freund Montan in dieser Beziehung offenbart (I, 4), »dürfen wir dem Leser an dieser Stelle noch nicht vertrauen«. Die »Wanderer« insgesamt unterstellen ihre Pläne einem Schweigegebot; »das Band« öffnet sich nur dem Eingeweihten, der fassen kann, daß die verschworene Gesellschaft das alte Zeichen des Handwerks in einem tieferen Sinn versteht. Es geht offenbar nicht um Anpassung an den Lauf der Welt, sondern um die Stiftung eines Neuen Bundes. Auch die Freimaurer, ohne deren Vorbild der Roman nicht zu denken ist, waren Handwerker nur noch der Metapher nach. Freilich hatte die

Mystifikation bei ihnen nicht nur eine tiefere Bedeutung, sondern auch reale Widersprüche zu verdecken. Die Logen-Brüderschaft hob die Ungleichheit der Mitglieder nicht auf, sie setzte sie nur für die Bedürfnisse der Geselligkeit – und der sozialen Träumerei – außer Kraft. Auch Goethes »Wanderer« leben mit Widersprüchen. Sie wollen Brauchbare werden und die Einseitigkeit nicht scheuen – aber die Technik, die dazu gehört, möchten sie sorgfältig begrenzen. Sie wollen den Besitz heilig halten – und zugleich die Nutzung lösen vom Besitz. Die Tüchtigkeit soll ihren Mann vom Boden unabhängig machen – aber in ihrer Praxis wird sie vor allem der Rationalisierung des Landbaus dienen. Die Kultur des »Handwerkers« soll ihn selbst kultivieren und seiner Zerstreuung entgegenwirken – aber die Verbindung bewährt sich erst in der Zerstreuung, und sie kennt keine Bindung an ein bestimmtes Land mehr. Wo die »Wanderer« nützen, da ist ihr Vaterland. Alte oder Neue Welt gilt ihnen gleich viel; ihre Produktion ist selbst das Neue und wird den neuen Menschen nach ihrer Façon bilden.

V

In Freiheit bilden? Goethes Orden entwickelt sehr bestimmte Vorstellungen, wie der neue Weltbürger zu halten sei. Um ihn frei zu machen für den Gebrauch seiner Begabung, muß er sich eine Verfassung gefallen lassen, gegen die sich die alte Zunftordnung wie ein Muster von Liberalität ausnimmt. Um diesen Idealkommunismus weht ein Hauch von Gulag. Lenardos

Auswanderer und Odoardos Dableiber werden in ihrem Gemeinwesen nur noch Polizisten, keine unabhängigen Richter mehr kennen, und die Kontrolle über alle Lebensäußerungen soll von drakonischer Strenge sein. In den neuen Kolonien diesseits oder jenseits des Ozeans kann der Bundesbruder brauchen, was er in der Pädagogischen Provinz gelernt hat: die Unterdrückung jeder spontanen Bewegung. Goethes »Wanderer«-Ideal mag gegen die Entfremdung der drohenden Industriegesellschaft gerichtet sein, wie es will: faktisch spielt es ihr in die Hand, indem es eine ihrer Voraussetzungen fördert, die vollkommene Mobilität. Will es aber seinen Zweck erreichen, einen neuen Bund der Ungebundenen, so braucht die Utopie buchstäblich Gewalt: dem forcierten Idyll des Knaben-Instituts entspricht die zensierte Freiheit der neuen Kolonien. Das freundliche Grün, dem Wilhelm und Felix am Rande der Pädagogischen Provinz begegnen, verbirgt eine hohe Mauer. Das Vertrauensverhältnis, das der Roman, seinem Bildungsauftrag getreu, zwischen dem Individuum und dem Ganzen, den Subjekten und ihrer Welt zu stiften behauptet – kann es nur noch behauptet, willkürlich statuiert werden? Soll ein Machtwort genügen, um den Riß zu heilen, der das soziale Universum durchläuft – das vorgestellte nicht minder als das reale?

VI

Mystifiziert, wie die Bräuche des Neuen Bundes, erscheint auch die sinn-gebende Instanz des Romans, die den Wanderern auf ihren Wegen als Leitstern dient, ihre Kommunikation regelt und ihre Konflikte schlichtet. Es ist eine alte Dame von eigentümlicher Konstitution: Makarie birgt, jedenfalls nach Überzeugung ihres Astronomen, das Universum in sich. Wie Montan sich »bergartig« zu werden vornimmt, ist sie den Sternen verwandt. Der Briefwechsel mit ihr soll demnach bedeuten: Korrespondenz mit einer sinnreichen Weltordnung. »Der Sinn erweitert, aber lähmt«: diejenige, um die sich die andern bewegen, ist selbst an den Krankenstuhl gefesselt. So schwach dürfte die Mitte der Welt nicht besetzt sein: sonst hat Goethe ihren Sinn an einen kräftigen Gebrauch der Sinnlichkeit gebunden. Makarie ist, wie die Ottilie der »Wahlverwandtschaften«, eine zweideutige und ordnungswidrige Heilige, eher geeignet, den Gedanken an eine zuverlässige Ordnung der Dinge zu verspielen als zu befestigen. Das »vorwaltende Leitende« erscheint zerstreut in denen, die es suchen, gewaltsam in denen, die es organisieren, und kraftlos in derjenigen, die es verkörpert.

Warum wandern sie eigentlich in den »Wanderjahren«? Die Statisten – das arbeitende Volk – aus ökonomischer Notwendigkeit; die Kolonisten, um »ganz von vorne anzufangen«; dieser Wunsch nach einer neuen Welt diesseits oder jenseits des Meeres sagt mehr als viele Worte, wie es um die alte Welt bestellt sein muß. Wilhelm aber wandert, weil ein kurioser Vertrag mit der »Turmgesellschaft« es so will. Die Klausel ist, wie sich zeigt, nicht unumstößlich, und ihre guten Gründe bleiben lange dunkel. Läßt sie sich durch ihre Konsequenzen beleuchten? Bei einem von Wilhelms Hauptgeschäften kommt sie ihm zustatten:

er kann als Bote des »Bandes« und als Agent Lenardos frei zirkulieren, jedenfalls nachdem sein Sohn in der Versenkung der »Pädagogischen Provinz« verschwunden ist. Wilhelms Disponibilität, das Empfangen, Weiterreichen und diskrete Behandeln von Nachrichten (dazu gehören auch die »Binnengeschichten«), scheint bis auf weiteres sein Lebenszweck zu sein. Wenn er seiner Lehrzeit oder gar seiner Einweihung dienen soll, profitiert jedenfalls sein Romancharakter dabei nichts. Der »Held« wird zunehmend abstrakt und verschwindet in seiner – keineswegs durchsichtigen – Funktion. Daß das Wandergelübde – zum Beispiel in Mignons Italien – neue Bindungen verhindert, wäre leichter ernst zu nehmen, wenn die alte Bindung (an Natalie) durch die »Entsagung« an Gewicht gewänne: aber auch sie wird zunehmend gegenstandslos und verliert das Interesse des Autors wie des Lesers.

VII

Sollte der Sinn der Wanderschaft ganz anderswo zu suchen sein? Auf der Ebene der Romandarsteller ist er schwer zu fassen, aber als Prinzip der Darstellung imponiert er unmittelbar. Denn der Autor wandert selbst. Sein Diskurs ist überall bereit zum Exkurs. Er gibt zu erkennen, daß er nicht für seine Figuren haftet, ihre Wege nach eigenem Belieben mitgeht und sie stehenläßt, wenn er ihrer im Augenblick nicht bedarf oder keine Lust mehr zu ihnen hat. Der Vertrag, der ihn an sie bindet, gehorcht nicht mehr den Regeln und Fiktionen des klassischen Romans.

Diese gelockerte Beziehung zum Stoff hat die »Wanderjahre« zum schwierigen und für manche Kritiker – nicht nur zeitgenössische – zum »schwachen« Buch gemacht. Die Versuchung war groß, die »Schwäche« mit der langen Entstehungszeit zu erklären: das verwendete Material aus drei Jahrzehnten sei dem Autor selbst historisch geworden. Er habe aus der Not, es zusammenzubinden, eine künstliche Tugend gemacht. Aber die künstlerische Gestaltungskraft habe dieses Verfahren nicht mehr decken können. Goethe macht sich diese Version an mancher Stelle spielerisch zu eigen: »Eine Szene, wie dies zugegangen, wagten wir nicht zu schildern, aus Furcht, hier möchte uns die jugendliche Glut ermangeln.« »Unsere Leser überzeugen sich wohl, daß von diesem Punkte an wir beim Vortrag unserer Geschichte nicht mehr darstellend, sondern erzählend und betrachtend verfahren müssen...« »Was das heißen wolle, möge der Kenner dortiger Angelegenheiten, da es uns hier zu weit führen müßte, seinen Freunden näher erklären.«

Es lohnt freilich zu bemerken, daß gerade der Topos eigener Unzuständigkeit ein besonders geschicktes Kunstmittel ist. Er kommt der erzählerischen Freiheit zugute, macht Raum und Zeit disponibel und wirft nebenbei ein kritisches Licht auf die geschlossenen, »vollendeten« Roman-Partien – das sind vor allem die Binnenerzählungen. Sie erscheinen plötzlich wie Zitate aus einem vergangenen Weltzustand des Diskurses und illustrieren Friedrich Schlegels Verdacht, wonach »alle klassischen Dichtarten jetzt lächerlich« geworden seien. Der Autor tritt als »Redakteur« auf, will sagen: er *führt* seine Fabeln *vor* – in mehr als einem Sinn. In die Lücken, die sich in der Rahmenhandlung auftun, springt er gewissermaßen persönlich und macht sich selbst zu einer Figur des Diskurses. Das sieht wie epische Vertraulichkeit am Kaminfeuer aus – und ist doch durch eine Welt von ihr getrennt. Denn die »Wir«-Form, die der Erzähler verwendet, hat nicht nur aufgehört, seine Autorität über den Stoff zu bezeugen, sie setzt auch keinen Konsensus mit seinem Publikum mehr voraus. Vielmehr *fordert* sie ihn, ja: sie fordert ihn heraus. Die Goethe-Figur deutet dem Leser an, daß sie *nicht* über ihre Geschichte verfügt. Sie beruft sich hie und da, wo sie eine Information weder unterschlagen darf noch motivieren kann, auf die »geheime Geschichte«, eine Überlieferung hinter dem Text. Seine Freiheit im Umgang mit diesem leitet er gewissermaßen aus seiner Unfreiheit ab, das Ganze mitzuteilen. Wieder eine Mystifikation? Ein Versuch, seinen Figuren die Bedeutung, die ihnen die dichterische Kraft – oder der Lauf der Welt – nicht mehr schaffen kann, durch einen Trick zuzuschieben? *Behauptete* Bedeutung, wie in der Pädagogischen Provinz? »Bedeutend«, eins von Goethes Hauptwörtern, ist zugleich eins der ersten im Roman: der Leser begegnet Vater und Sohn an »grauser, bedeutender Stelle« – *was* die Bedeutung aber zu bedeuten hat, müßte der Roman mit seinem Wanderschaftsverfahren entwickeln – und scheint es mit jeder Entwicklung nur besser zu verstecken. Die romanhaften Geheimnisträger, allen voran das Kästchen aus der Berghöhle, bleiben verschlossen – »es ist besser, an solche Geheimnisse nicht zu rühren«. –

Was bleibt, ist das Spiel mit dem Schlüssel, der selbst zum Geheimnis wird und die Literaturdetektive, nicht nur die psychoanalytisch gerüsteten, immer zur Entschlüsselung gereizt hat. Der Roman selbst aber läßt die Beteiligten und womöglich Betroffenen auf den Gebrauch der Schlüssel verzichten. Das scheint, nach so viel Sinn-Provokation, auf eine eigentliche Verweigerung hinauszulaufen. Noch mehr: auf den Spott des Autors über die Sinn-Frage. Das fatale Kästchen nimmt sich am Ende wie der bekannte *red herring* im Kriminalroman aus. Der Roman löst viele seiner Rätsel nicht: der Leser erfährt nie, wer das Brummen auf dem Berg hervorgebracht hat, das die Baumwollarbeiter einem Untier zuschreiben, oder was es mit dem Nachtgeräusch auf sich hatte, das Wilhelm in der Herberge des »Bandes« aus dem Schlaf reißt.

VIII

Das große Wort vom »offenbaren Geheimnis« will sich einstellen – ein Grundbegriff Goetheschen Naturverständnisses –, wäre das Geheimnis nur nicht von so viel heiterer Irreführung, ja moralischer Moquerie begleitet. Zum Beispiel ist der Fund des Kästchens mehrfach illegitim: ohne den kleinen Fitz wären die Wanderer, Vater und Sohn, nicht in seine Nähe gelangt; sie halten ihren Führer für diebisch, aber bei Licht besehen sind sie es, die die Gelegenheit zu Dieben macht. Und so durchaus, mit Goethe zu reden. Die »Wanderjahre« sind reich an Spielen mit »Schlüsseln«, die das Verständnis nicht bedienen, sondern verwirren. Hersilie rühmt den Merk- und

Kernsätzen ihres Oheims nach, daß sie auch in der Umkehrung wahr seien. Ist der Blick für diese Widerspruchsschöpfung einmal wach geworden, begegnet man ihnen auf Schritt und Tritt. Früher oder später erweckt der Roman jedem Satz einen Gegensatz. Der »Mann von funfzig Jahren« sieht (im kolloquialen Sinn) um so älter aus, je jünger er sich macht. Das Preisgedicht, das er der schönen Witwe senden will, liefert ihr Bild einer Mißdeutung aus, die vielleicht doch die genauere Deutung seiner Gefühle enthält. In den Kleidern des Vaters, den sie zu lieben glaubt, erscheint der Sohn Hilarien als der eigentlich liebenswürdige. Nicht das Tauwetter, das Eis führt Liebende zusammen. Als der Major zur Entsagung bereit ist, ist Hilarie (eine harmlosere Ottilie) nicht mehr bereit, in das romangerechte Happy-End einzuwilligen – mit der Folge, daß der Autor den Schluß der Novelle überhaupt verschenkt und ihrer schönen Geschlossenheit zu spotten scheint. Die »drei Ehrfurchten« der Pädagogischen Provinz verwirren sich nicht nur im Lauf der Geschichte, sie gehen auch an Felix spurlos vorüber. Sie vermögen den jungen Titan nicht zu fesseln; gerade Zucht, den Sinn der Anstalt, hat er nicht gelernt. Wäre er nicht ein wilder Reiter geblieben, hätte sein Vater am Ende freilich keine Gelegenheit, sich als Wundarzt zu bewähren. In den »Lehrjahren« war das Theater das erste Medium der Menschenbildung; die »Wanderjahre« führen es als verworfene Kunst vor, die der »Redakteur«, in einem persönlichen Kommentar, überschätzt zu haben bekennt. Dabei bleibt bis zum Schluß offen, ob die Theaterschelte eine Grille der Provinz-Pädagogen war und ob der Autor hinter seiner selbstkritischen Maske nicht ein Lächeln verbirgt. Der Sinn des Wanderns scheint zunächst nur so banal zusammenzufassen: nichts soll feststehen. Gerade auf programmverdächtige Positionen des Romans soll man am wenigsten bauen können. Der Friseur, dessen Verschwiegenheit der Leser mit seiner Zugehörigkeit zum »Band« erklären und als tiefere Weisheit deuten mochte, entpuppt sich, wenn er den Mund auftut, als schwatzhafter Angeber – gewinnt aber eben als solcher die Freiheit zu seinem Melusinen-Märchen von tiefsinnig-erotischer Verfänglichkeit. Philine vor Makarie: welche Zusammenstellung von Leicht- und Tiefsinn, und wieviel ironisches Licht – und wie wenig kultivierte Moral – fällt von der einen Figur auf die andere! Wie der Erzähler-Regisseur zum guten Ende die halbvergessenen Figuren der »Lehrjahre« – bis zum biederen Werner – aus ihrer Versenkung hervorholt, um noch schnell eine Verknüpfung des Ganzen, ein Tableau zu arrangieren, ist ein Hohn auf die Romankomposition, der Goethe den schuldigen Tribut eher hinwirft als zahlt: wird da Sinn statuiert oder höherer Unfug getrieben? Philine, der einmal der große Satz gegeben war: »Wenn ich dich liebe, was geht's dich an?«, darf jetzt zur Feier der Auswanderung mit ihrer Schere klappern, wie im Kaspertheater. Die Spezialisierung zur Brauchbarkeit, dieses Gebot der Stunde, und mit ihr das Vereinsziel des »Bandes«, gerät in den Sog einer unheimlichen Ironie. Oder ist es keine, wenn die Mannschaft des Zukunftsordens von einem schlauen Amtmann für seine Möbelfabrik rekrutiert wird, nachdem sie durch eine Reihe von Vaterschaftsklagen am »Wandern« gehindert sind? Ist es keine, wenn Lenardos Jagd nach dem »nußbraunen Mädchen« – wenn man will: das Nächste zu einer regelrechten Romanhandlung – in einem unschlüssigen und verquälten Patt endet; wenn Wilhelm, der diesem Unternehmen den besten Teil seiner Wanderschaft widmet, am Ende keine Ehe, höchstens ein paar neue Bekanntschaften gestiftet hat? Gelangt bei diesem Hornberger Schießen nur *die* »Guteschöne« und nicht auch zugleich *das* Guteschöne ins Zwielicht: also das Ideal des Bildungsromans? Wenn aber der Bildungswert, den Wilhelms sporadische und umständliche Abenteuer für ihn haben sollen, nicht mehr einzusehen ist: wozu wird der *Leser* gebildet? Die Figuren, die er begleitet, gelangen nicht dorthin, wohin sie streben – der Geist, der sie führt, spielt mit Sinn, um Sinn zu verweigern, und scheint den Leser auf andersartige Proben zu stellen, als er's von einem Roman – jedenfalls ein Jahrhundert vor dem »Mann ohne Eigenschaften« – gewohnt ist. »Wandern« kann in diesem Spätwerk Goethes nur so etwas bedeuten wie: Form gewordener Vorbehalt gegen jeden Stellungsbezug; wie: Mitwandern einer versucherischen, allgegenwärtigen Erzähl-Skepsis, die sich auch in den scheinbar vertraulichen Interventionen des »Redakteurs« äußert. Der Leser wird Zeuge einer umfassenden Auswanderung aus den Prämissen des Bildungsromans, aus der Sicherheit von Verhaltensmustern, die er in einer Komposition, die schon fast *statt* einer Romanhandlung gegeben wird, sich überholen, einander aufheben sieht. Und der Zeuge ist dann freilich durch tausend Winke und Einladungen im Text gefragt, ob er zum Mitspieler werden kann und will, ob er in der Systemwidrigkeit dieser Erzählmoral die Weisheit erkennt – oder das, was dem nicht mehr behausten Zeitgenossen als Weisheit gelten muß.

IX

Ein Verdacht, der mich an den »Wanderjahren« berührt: dieser Gesellschaftsroman, der darum wandert, weil er seiner Gesellschaft den Boden verlorener Gemeinsamkeit explizit unter den Füßen wegziehen muß, sei allerdings sozial – sozial aber nicht innerhalb seiner Kunstgrenzen, sondern durch seine Kunst, die Grenzen deutlich zu machen; sei also, wie nie zuvor in der deutschen Literatur, ein Angebot an den Leser, darauf angelegt, ihn in eine Verbindung von Wissenden aufzunehmen; ihn Grenzen überschreiten zu lehren, indem er Grenzen wahrnehmen lernt. Als Grenz-Geschichte humanen Diskurses vertrauen die »Wanderjahre« ihr Geheimnis dem Leser an und machen es – und den tieferen Sinn – abhängig von seiner eigenen Aufbruchsbereitschaft. In Goethes Alterswerk ist das kein einmaliger Vorgang. Im »West-östlichen Divan« war ein »Buch der Freunde« vorgesehen; es fehlt im poetischen Teil, ist aber ersetzt durch die Prosa der »Noten und Abhandlungen«, die eine einzige Leser-Ansprache sind; deren Gestus also, als lebendige Reflexion der mitgeteilten Inhalte, den Leser nicht nur freundlich stimmen, sondern freundschaftlich gesinnt, zum Freund über Raum und Zeit hinweg machen soll. Die Bildungsarbeit dieser Vermächtnisbücher wendet sich einem Spiegel zu, der nicht mehr in ihnen selbst zu finden ist, von dessen Notwendigkeit sie aber durchdrungen sind, den sie mit allen Mitteln der Kunst, aber nicht nach ihren bekannten Regeln, evozieren. Die »wiederholte Spiegelung« ist Sache des Lesers; sein offener und forschender Sinn soll ausdrücklich über den Sinn der Dichtung entscheiden. Dabei ist nicht mehr, wie in den Romanen des 18. Jahrhunderts, an eine Gefühlsgemeinschaft gedacht; denn auf diese wäre unter den Bedingungen des 19. Jahrhunderts kein Verlaß mehr. Die Isolation des Menschen ist mitreflektiert; auf »getrenntesten Bergen« (Hölderlin) sollen einander Unbekannte zur Nähe befähigt werden: durch tätige Einsicht in ihre neue Lage. Es ist die Tiefe des Auseinandergehens, die Ferne aller Paradiese, in der sie Raum gewinnen für das *Tao*, den eignen Weg. Nur über solche Zerstreuung, die das Kunstwerk vorbildet, nähert es sich gleichsam über die Rückseite der Erde dem Sozialen. Schon der »Divan« war, nach Form und Gehalt, Freibrief für eine neue Weltreise gewesen: Auswanderung in den Orient als dialektische Figur der Heim- und Einkehr. Das ist ein einzigartiges Verfahren der Nachlaßverwaltung. Sie stiftet Leben über das Leben des Autors hinaus – denn sie stiftet zum Leben an. Was diese in sich offenbleibenden Werke suchen, ist der »berechtigte Mann« – die berechtigte Frau – zu jeder Zeit; berechtigt und befähigt, einen eigenen Sinn zu schöpfen aus dem nichtschlüssig gehaltenen Sinn der Dichtung. Die Zielgruppe der »Wanderjahre« sind die Aufbruchsbereiten aller Jahre.

Die Offenheit des Romans ist also keine Panne und ist mit der Entstehungsgeschichte nicht hinreichend zu erklären. Eher umgekehrt: die Offenheit des Autors für neue Erfahrungen hat eine andere Entstehungsgeschichte nicht zugelassen. Schon in den »Lehrjahren« war das Inkalkulable die Seele des Romans gewesen; in den »Wanderjahren« hat es auch seinen Körper verändert. Was gegen die Form spricht, wird in sie hineingenommen. Dieser Widerspruch bedeutet eine Wanderung ins Ungewisse, aber auch Offene, und »Entsagung« meint mehr als Verzicht auf Liebeserfüllung, nämlich produktives Verhalten gegenüber dem Unlösbaren. Dieses *beginnt* mit dem Räumen sicherer Erzählpositionen, mit dem Verzicht auf »Position« überhaupt. Der Entwurf – aber auch die Kritik – der Pädagogischen Provinz, und jeder neuen Lebenslehre, untersteht gleichsam einem Generalvorbehalt. Da ist Ironie am Werk, nicht mehr bloß lokale, sondern konstitutive *und* dekonstituierende, ein Geist dunkler Heiterkeit, der seinen Glanz nicht, wie etwa bei Thomas Mann, aus dem Schein der Textherrschaft zieht, sondern aus dem Respekt vor dem Unverfügbaren und aus dem verschwiegenen Pathos des Betroffenen.

X

Wer wie der alte Goethe empfindlich ist für die veränderte Relation des Kunstwerks zur Epoche und sich die Relativität seiner Kunstmittel zur ästhetischen Maxime macht (die zwar »vorwaltet«, aber nicht mehr »leiten« will), der kann nicht unempfindlich sein für die Beziehungen der Menschen untereinander. Von ihrer Qualität wird es abhängen, ob sich die offenen Verhältnisse zur Katastrophe auswachsen oder ein mögliches, wieder mögliches Glück verheißen. Wo die »Wanderjahre« eine unvermittelte Sozialutopie anbieten, unterliegen sie dem Verdacht der Ironie; wo sie aber Umgangsformen zeigen, mehr: wo sie Umgangsform *sind*, darf man das Soziale wohl beim Wort nehmen. Denn hier erprobt der Roman die Fähigkeit der Figuren – auch der Sprachfiguren –, inmitten ihrer Zerstreuung neue Bindungen zu entwickeln. Die Handwerker-Nostalgie wird dann zur Metapher für einen neuen Friedensbund, den die »Wanderer«, das auserwählte Volk des alten Dichters, ihrer Verheißung schulden. Wenn die Tat – zu der sie aufgerufen sind – belebt, aber beschränkt; wenn der offen gewordene Sinn erweitert, aber lähmt: dann hängt alles davon ab, welchen Sinn »unsere Freunde« ihren Handlungen zu *geben* wissen. Dann sind die »Wanderjahre« also nicht nur ein Kunstwerk der Beziehungen, sondern auch eine Schule der Beziehungsfähigkeit.

XI

Zunächst sind sie ein Beziehungskunstwerk in sich selbst. Die Frage des Zusammenhangs stellt sich als eine der Komposition. Der geschichtliche Wandel hat auch die Tragweite vorhandener Geschichten verändert; der Vollendungsanspruch des Künstlers unterliegt nicht mehr seinem Kunstverstand allein, sondern einer veränderten Empfindlichkeit für das Mögliche – auch das sozial Mögliche. Das Unstetige, Disparate der »Wanderjahre« bedarf für Goethe keiner Reparatur, also ästhetischen Entschuldigung (auch wenn er solche spielerisch anbietet), sondern der zureichenden Begründung. Er nützt die »Lükken« zur Reflexion seiner Arbeit als »Redakteur« und zur Beratung mit dem Leser. Diese Ebene des Diskurses stellt nicht nur die »Wanderjahre« zur Disposition; sie ist Erinnerung in mehrfachem Sinn. Bei St. Joseph, diesem treuherzig gelebten Zitat, wird der Leser an die Motive der nazarenischen Romantik, aber auch – ohne Zeigefinger – an deren unzureichendes Bewußtsein erinnert. Unvermittelt kann es die »Heilige Familie« – nicht nur die biblische – nicht mehr geben, die Analogie ist, bei aller Liebenswürdigkeit, ein Kurzschluß und wird humoristisch behandelt. Tatsächlich begegnet diese Maria ihrem Joseph ja eher im Geiste der Witwe von Ephesus als dem der Unbefleckten Empfängnis. Goethe gönnt aber auch dem eigenen Werk die Ironie der Kontrafaktur, voran den »Lehrjahren«: Mignons Nachleben ist das einer Kunstfigur, ihre Verehrung eine literarische, ja touristische Wallfahrt in ein Italien der Imagination, an der Jean Pauls »Titan« seinen Anteil hat – der seit dem »Divan« ohnehin vom Monstrum (»Tragelaph«) zum »Freund«, also zum Bundesgenossen der »Wanderer«, zum Fremdenführer in moderne Dichtarten avanciert ist. Das ganze Personal der »Lehrjahre«, für das Goethe keine Verwendung mehr hat, erscheint am Ende der »Wanderjahre« gewissermaßen auf seinen Zitat-Charakter reduziert. Eigentlich ist »Erzählen« überhaupt so viel wie zitierendes Erinnern geworden. Immer wieder, schön wie ein blasser Mond, erhebt sich in Goethes Sprache die Erinnerung an alte Unmittelbarkeit, ein verlorenes Licht, das nun erst märchenhaft scheint. Denn Ironie und Kontrafaktur verwerfen nicht, was sie überholen; sie steigern die Erinnerung vielmehr zur »wiederholten Spiegelung«. Es ist auch die Erinnerung daran, daß der Zusammenhang der Motive nicht nur eine Sache der Kunst, sondern einer geordneten Welt war; man hat sich damit in Gesellschaft befunden.

XII

Einer gebildeten Gesellschaft; in dieser mögen Erinnerung und Zitat soziale Werte gewesen sein. Aber ist die gebildete Gesellschaft noch sozial? Mit diesem Wort ist keine Klassenkritik, nur die Tragfähigkeit gesellschaftlicher Konventionen bezeichnet, von denen der Roman gelebt, die zumal der Bildungsroman zur humanen Norm verklärt hat. Aber nun ist dieses Bildungsideal, das den Bürger adelte, in den Sog neuer maschineller Produktionsverhältnisse geraten. Diese haben nicht nur die ständische Ordnung revolutioniert, sondern auch das Verständnis von Produktivität und das Selbstverständnis der Produzenten. Wo die ideale Konkurrenz durchsichtig wird auf eine geschäftsmäßige, der Vorzug auf den Vorteil, muß sich der Einzelne nützlich machen lernen. Und es ist die Frage, wie die Idee seiner Bildung zum ganzen Menschen zusammenbestehen soll mit der Praxis seiner Qualifikation. Da der Einzelne an einseitiger Ausbildung nicht mehr vorbeikommt: kann man sich vorstellen, daß die Gesellschaft – eine neue Gesellschaft – Träger eines ganzen, ganzheitlichen Lebens wird? Ende des 20. Jahrhunderts lautet die Frage schärfer: Treuhänder des Lebens überhaupt? »Nur Stämme werden überleben«, hat die Revolte auf den Beton unserer Städte gesprayt – auch ein Rückgriff auf die Vorgeschichte unserer Zivilisation, und weiter zurück als Goethes gelobtes Handwerk – so unrealistisch weit, wie man sich von der Rettung entfernt fühlt. Da stehen die »Wanderjahre« noch nicht. Aber die Möglichkeit einer völligen Zerstreuung des Menschengeschlechts, und des Sinnverlusts seiner Geschichte, beginnt sich real anzudeuten. Das »Wandern« hat einen sehr ernsthaften Hintergrund. Es ist, in der Tat, nicht nur persönliche Verlegenheit oder künstlerische Not, was der klassischen Romanform Beine macht. »Stämme« oder »Band«: die Wörter bezeichnen das Bedürfnis nach Zusammenfassung des arbeitsteilig Auseinandergerissenen, sie enthalten eine Anweisung auf gelebte Gemeinschaft, machen die Chance des rechten Lebens oder des Überlebens abhängig von der Qualität des Umgangs miteinander, der sozialen Kultur.

XIII

Vordergründig sind die Umgangsformen der »Wanderjahre« – etwa auf dem Gut des Oheims – intakt, demonstrieren Anmut und Finesse des Ancien régime. Die Damen lassen Leichtsinn und Laune spielen, die Herren unterhalten sich mit der umständlichen Gewissenhaftigkeit kultivierter Dilettanten. Aber die Nähe, die dieser Ton erzeugt, ist Schein. Dahinter steht keine wirksame Geselligkeit mehr, wie der Oheim, dieser à-la-carte-Liebhaber, beweist, der die gemeinsame Tafel scheut und seine Mahlzeiten wie nur je ein Manager am liebsten ambulant und allein verzehrt. Das Gesetz der Flüchtigkeit hat bereits auf Alltag und Haushalt durchgeschlagen. Es ist denn auch weniger die gebildete Konversation, die die Handlung der »Wanderjahre« trägt (soweit von »Handlung« die Rede sein kann), als der Brief: also das Zeugnis aus der Ferne, der durch die Schrift vermittelte, ihrer Vieldeutigkeit ausgelieferte Dialog, der als Austausch von Monologen besser bezeichnet wäre. Die »Wanderjahre« sind weithin ein Briefroman – aber anders als im 18. Jahrhundert, wo sich die Korrespondenten aller Entfernung zum Trotz ihre Anwesenheit in einer gebildeten Sprache (und durch sie) bestätigten, liegt der Korrespondenz hier oft genug – bei Lenardo wie auch bei Wilhelm – der bewußte Verzicht auf Anwesenheit zugrunde. Die Entfernung ist nicht einfach ein Defekt, den der Brief repariert, sondern ein Medium der Botschaft und Teil von ihr. Die Briefe der »Wanderjahre« unterstehen dem Paradox, daß sie Gemeinschaft suchen, während sie die Trennung bekräftigen. Ihr Thema ist nicht die Überwindung der Abwesenheit, sondern die Suche nach ihrem Sinn. Die gelähmte Makarie, entfernt auch wenn sie nah scheint, entpuppt sich als passender Leitstern. Daß auf Geschriebenes kein Verlaß ist, beweist etwa der alte Sammler, der Wilhelms Empfehlungsbrief beiseite legt, um den Eindruck des Gastes mit eigenen Sinnen zu prüfen. Aber auch die Gegenwart ist voller Täuschung. »Ich halte Sie in den Armen, zögern Sie nicht, die Ihrigen um mich zu schlagen« – ein solcher Satz könnte nicht gesprochen werden, wenn auf die Unmittelbarkeit des Gefühls Verlaß wäre. Es ist ein Satz aus einer gebrechlich gewordenen Welt. Überall lauert das Mißverständnis in der Verständigung: kaum je sind die Partner, die sich finden, füreinander bestimmt oder finden sich diejenigen, die füreinander bestimmt schienen. Die Freundschaft der »Wanderer« ist eine flüchtige, ist Gast-Freundschaft im vollen Sinn des Wortes. Der Roman mag auf der Suche nach dem »zutraulichen Verhältnis« sein, aber seine zutraulichsten Figuren, wie Hersilie, sind, näher besehen, die in ihren Beziehungen am wenigsten glücklichen. Die Verhältnisse sind unwohnlich, zur Niederlassung nicht mehr geeignet, und von daher erhält Wilhelms Unstetigkeits-Gebot einen Sinn jenseits des Spleens. Die Verwirrung der Gefühlssprache hat in den »Wanderjahren« oft die Kleistische Dimension des Unentrinnbaren (und setzt Goethes Abwehr gegen Kleist ins rechte Licht). Kein Wunder, daß Montan sich ins Schweigen der Berge zurückzieht und zum Kommunikationsverweigerer wird: als ob der Sprache der Natur noch zu trauen wäre, wenn diejenige der Menschen defekt geworden ist. Die Berge Montans geben ihm die Geschichte ihrer Entstehung nicht preis, zum Zeichen, daß der Menschenfeind nach Goethes Verständnis auch zum Naturfreund verdorben ist. Wenn die Sprache der Natur zwischen Menschen nicht mehr spricht, schweigt sie auch in den Steinen. Auszugehen ist von einer umfassenden Entfremdung des natürlichen Menschen: soviel, nichts Geringeres, bedeutet das »Wandern« der »Wanderjahre«.

Gesucht wird ein Weg, auf dem diese herrschende Entfremdung beherrschbar würde, und eine Verbindung der »Fremden« durch ein »Band« neuer Humanität.

XIV

Dieses »Band« wird in den »Wanderjahren« von Geheimnis umgeben; wir haben gesehen, welche Gründe das Geheimnis für seine Dunkelheit haben könnte. Ganz gewiß hat auch die Ratlosigkeit des Autors daran mitgewirkt. Sehr human ist weder die Alternative der neuen Kolonien noch die ihrer Pflanzstätte, der Pädagogischen Provinz. In »schwarzer Pädagogik« werden die Zöglinge von der Familie isoliert und einem ausgetüftelten System unterworfen, wird das natürliche Kindsein zugunsten einer künstlichen Kindheit verabschiedet. In der Auswanderer-Gesellschaft soll eine Maxime gelten, die aus Goethes tiefster Revolutions-Verdrossenheit stammt: »Wenn Ordnung gehalten wird, ist es einerlei, durch welche Mittel.« Da ist es nur konsequent, wenn sich der Polizeistaat auch »das Recht zu beseitigen« zuspricht. »Heil dir Führer, heil dir, Band«? Kein Leser unseres Jahrhunderts wird einen solchen Satz nur historisch lesen können – und die deutlichen Signale des Antisemitismus leichtnehmen, welche die Utopie begleiten. »Das israelitische Volk hat niemals viel getaugt«; »wir dulden keine Juden unter uns«. Da stellt sich das neue System bereits seine Sündenböcke kalt.

Um diesen Hautgoût zuzudecken, muß die Würze der Ironie schon recht stark sein. In den »Wanderjahren« ist sie nicht nur ein Zerfallsprodukt der alten Kunst-Mittel. Ihre tiefere bildende Kraft zieht sie aus einem elementaren Bindungsverhältnis: dem von Vater und Sohn. Auf dieses Paar zieht sich am Ende die Komposition der »Wanderjahre« zusammen. Die Pädagogische Provinz wird zum unfreiwilligen Zeugen für ihre eigenen Unwirksamkeit. Es wird dafür gesorgt, daß sich das Inkalkulable gegen ihre Anstalten durchsetzt: Felix, der einzelne Mensch. Das Individuum bleibt »ineffabile« – unaussprechlich nicht nur, auch unerreichbar für die Sprache der Regeln. Die arbeitsteilige Gesellschaft kassiert das offenbare Geheimnis des Individuellen nicht; es wird nur schutzbedürftiger und schutzwürdiger, wenn der Einzelne zum Vereinzelten wird. Im Widerstand gegen die Organisation – auch seine eigene – verbirgt das Kunstwerk seine Zuversicht, eine gefährdete vielleicht, aber die einzige. Schon in den »Lehrjahren« war das Unberechenbare die List der Bildungsidee gewesen; in den »Wanderjahren« wird es zu ihrem archimedischen Punkt. Es bestimmt die Romanform als Ganzes und wird zugleich unter ihren Schutz gestellt, zum Zeichen, wie sehr es des Schutzes bedarf: nichts bedarf so sehr der Rettung wie das Rettende. »Kein Rettungsmittel als die Liebe« – aber die gibt es nur zum Einzelnen.

XV

Daß Meister Wundarzt wird, mag, als Forderung der Stunde, kein Zufall sein; notwendig ist es nur im Hinblick auf den Sohn. Im rechten Augenblick dient der

Beruf dazu, ein Leben zu retten – ein zunächst fremdes Leben. Man könnte sagen, der Gerettete werde erst durch die Heilbehandlung zum Blutsverwandten. Die »strenge Kunst« wird vorbildlich, indem sie sich dem Einzelfall zuwendet: ja, sie erhebt ihn ins Mythische. Sturz und Fall des Reiter-Jünglings gleichen der Apotheose Euphorions im »Faust«, nur ist diesmal der Zauber der Wiederbelebung zur Stelle. Es ist auch nicht mehr, wie bei Phileros in der »Pandora«, der Zauber des Elements, sondern die Kunst des Arztes. Der ausgebildete Vater hat die Erbschaft der dämonischen Naturkraft übernommen. Das ist allerdings ein merkwürdiger Erfolg sozialer Arbeit, und es lohnt sich, seiner Herkunft im Innern der »Wanderjahre« nachzugehen.

Am Anfang der »Wanderjahre« begegnet der Leser Vater und Sohn; später wird diese Verbindung durch die Pädagogische Provinz gleichsam suspendiert, um sich am Schluß nicht nur wiederherzustellen, sondern im Glanz des Ursprünglichen zu erscheinen. Sie ist kompositionell das A und O des Romans – und denkwürdig als unvollständige, gleichsam ungesättigte Verbindung. Es fehlt die Frau, die Mutter oder Geliebte sein könnte; und der Roman legt den Verdacht nahe, sie fehle vorsätzlich. Denn die vorhandenen »Angebote« – Hersilie für Felix, Natalie für Wilhelm – werden kunstvoll abgewehrt. Ein Schlüsselzeugnis ist der Brief Wilhelms an die entfernte Freundin, in dem er seine Berufung zum Wundarzt begründet. Dabei gerät er scheinbar vom Hundertsten ins Tausendste – und versteckt eben in diesen Abschweifungen die eigentliche Nachricht des Briefes. Die

Geschichte des ertrunkenen Jugendfreundes war keine Episode, sondern ein Initiations-Erlebnis. Alles deutet darauf hin, daß dieser Fischerjüngling in seiner Nacktheit Wilhelms erste Liebe war. Sie hat ihm nicht nur die Sinnlichkeit der Natur offenbart, sondern auch das Rätsel seiner eigenen Geschlechtlichkeit aufgegeben; im Zeichen des Verlusts. Es im Zeichen der Vaterschaft wiederzugewinnen, ist nun der Sinn seiner Wanderschaft.

Vater eines Sohnes zu sein, bedeutet: daß ein Mann seiner Identität zum zweiten Mal, als Erwachsener, begegnet. Das ist eine Aufgabe im doppelten Sinn: die Unmittelbarkeit, die der junge Meister mit seinem Fischerknaben erfahren hat, wird ausgeschlossen; geboten ist die Erziehung zu einer *andern* Nähe, zu einer sublimen – die Psychologie sagt: sublimierten – Familiarität: einen ursprünglicheren Bildungsauftrag gibt es nicht.

Aber auch keinen, der deutlicher im Zeichen der »Entsagung« stünde. Daß das »ungesättigte« Verhältnis nicht ohne Rivalität und Konflikt ist, drücken die Binnengeschichten der »Wanderjahre« in mehreren Variationen aus. In der größten, dem »Mann von funfzig Jahren«, endet der Wettbewerb zugunsten der *jungen* Liebenden. Aber diese Paarbildung gehört dem konventionellen Roman an, dessen Lösungen jetzt dem Schlegelschen Lächerlichkeitsverdacht unterliegen – nicht umsonst sind die Binnenerzählungen das einzige klassische Geschlossene an den »Wanderjahren«. Sie haben per se nicht das letzte Wort. Der Bildungsauftrag der »Wanderjahre« schließt »voreilige Versöhnungen« aus; nicht nur, weil die Verhältnisse nicht mehr so sind, sondern weil sich schon das Eigenste im Zustand der Trennung befindet: eins und doppelt wie Vater und Sohn. Gegeneinander und miteinander führen sie den Prozeß ihrer Identität; sie sind die lebende Probe auf die Vereinbarkeit des Getrennten. Sie entscheiden darüber, ob die Liebe mit der Entsagung zusammenbestehen kann. Sich selbst anzunehmen im andern, das ist eine Bildungsidee, deren Konsequenz weit ins Soziale hinausreicht: in die Umgangsform aller Erzeuger mit ihren Erzeugnissen. Aber die »Wanderjahre« führen diesen gesellschaftlichen Austausch auf ein Urverhältnis zurück – dessen Partner nicht mehr das sich fortpflanzende Paar ist, sondern das gleichgeschlechtliche, zur steigernden Selbstverwirklichung, am Ende: zur sozialen Produktivität bestimmte. Schon Meisters Verhältnis zu Mignon, dem »Scheinknaben«, hatte in diesem Zeichen gestanden, aber hatte, als unmittelbares Liebesverhältnis behandelt, zum Tode geführt; in den »Wanderjahren« führt es als gelerntes Entsagungsverhältnis zur Rettung des Lebens und zu einem guten Ende.

Es gehört zur hohen Kunst der »Wanderjahre«, wie sie die persönlichste Beziehung Meister/Felix alles Privaten entkleiden. Im Zeichen von Vater und Sohn reinigen sie die Nähe zweier Menschen von falscher – nicht mehr möglicher oder nicht mehr erlaubter – Unmittelbarkeit und halten doch in der Entfernung an ihr fest. Meister lernt im Sohn sich selbst anzunehmen, er bildet sich zu einer Eigenliebe ohne Narzißmus – wie der Sohn jenseits ödipaler Konflikte gegen die Pädagogische Provinz seiner Natur treu bleibt.

Indem der Vater sich am Sohn bewährt, erreicht er das Soziale: denn er braucht im Fremden den Sohn nicht zu erkennen, um im Sohn das Fremde zu retten. »So standen sie fest umschlungen wie Kastor und Pollux, Brüder, die sich auf dem Wechselwege vom Orkus zum Licht begegnen.« Hier wird einen Augenblick lang das »vorwaltende Leitende« der »Wanderjahre« greifbar: »Wirst du doch immer aufs neue hervorgebracht, herrlich Ebenbild Gottes!« Aber der Zusatz fehlt nicht: »und wirst sogleich wieder beschädigt, verletzt von innen oder von außen«. Die Ahnung dieser Verletzbarkeit ist im »Meister«-Zyklus von weit her: sie hat, in den »Lehrjahren«, mit Wilhelms eigener Verwundung begonnen, als ihm zum ersten Mal seine Natalie erschien – im Kleid der Amazone, das schon die Anweisung auf das Männliche enthielt; in diesem Zeichen wollte die Rettung gesucht werden – nicht als Liebeserfüllung, sondern als eingelöste Bruderschaft. Der Wundarzt bewährt sich, indem er »entsagt« – und als Entsagendem fällt ihm, durch die Rettung des Sohnes, das Höchste zu: Brüderlichkeit mit sich selbst. Im Faust II zieht »uns« das Weibliche hinan – in den »Wanderjahren« hält uns das Brüderliche auf der Erde fest. Die beiden großen Alterswerke wurden nebeneinander vollendet; es würde sich lohnen, sie gegeneinander zu lesen; als polare Ausgestaltungen des sozialen und des heilsgeschichtlichen Themas. Als dessen »wiederholte Spiegelung« steigern sie die Leuchtkraft des einen wie des andern Wegs – und binden die Verheißung an den Weg, nicht an sein Ziel, das offen – in der Sprache der Dichtung: märchen- und opernhaft – bleibt. Wenn es zu den »Wanderjahren« ein letztes Wort gäbe, so klänge es wie diese »Betrachtung im Sinne der Wanderer«: »Was ist das Allgemeine? / Der einzelne Fall. / Was ist das Besondere? / Millionen Fälle.« Am Schluß der »Wanderjahre« steht die Tat – die Heilpraxis eines Menschen für einen andern als mögliches »Allgemeines«. Über diesen Punkt führt der Roman nicht hinaus – die Romanhandlung wird abgelöst durch eine Maxime des Handelns. Sie lautet auf Verantwortung des Einzelnen für das Einzelne. Der Rest ist offen wie das Schicksal der Epoche. Immerhin: es ist wieder offen. Nicht die geschlossene Gesellschaft, sondern die konkrete Teilnahme wird zur Bürgschaft für die Zukunft erhoben. Daß sich der Mensch nützlich machen lerne, ist also im Kern keine ökonomische Maxime, sondern eine Sache der Bereitschaft für das Unvorhergesehene.

XVI

Auf dieses Réduit der Humanität hat sich die Moral des Bildungsromans zurückgezogen. Sie wird nicht mehr als stetiger Prozeß einer Romanhandlung entwickelt. Sie zeigt sich in der Ironie, mit der Konstanten des Romans wie Charakter, Handlung und Universalität behandelt werden. Diese Ironie steigert das Prinzip Wanderschaft zur Form: zur verweigerten, unterwanderten Form. Die Analogien zu Bekanntem werden zur Revision freigegeben. Das Labyrinth der Zeit ist nicht mehr mit Ariadnes Faden zu erschließen. Jeder Faden führt in die Irre positiver Verhältnisse. Retten kann sich und andere nur, wer den

Faden verliert. Der Roman-»Redakteur«, ein neuer Dädalus, hat sein Labyrinth auf diesen Riß angelegt, gleichsam auf gezielten Verlust der Zusammenhänge, die, da sie nicht mehr gegeben sind, auch der Roman nicht mehr fingieren darf. Es ist der *lose* Faden, an den die Rettung anknüpft. Dädalus war Herr seines Labyrinths gewesen, aber den Absturz des Ikarus hatte er nicht verhindern können. Meisters Kunst ist dem Sohn zugewendet; seine Menschlichkeit öffnet sich dort, wo der Roman schließt. Goethe aber, selbst Vater eines verunglückten Sohnes, hat die Kunst-Herrschaft über seine Figuren schon radikaler beendet. Sie *nicht* durchaus zu leiten, sie zu öffnen für ihren Dienst an der Freundschaft, das ist die neue Kunst – eine »strenge«, und auch eine freie, weil sie dem Leser ein Repertoire zu eigenem Freiheitsgebrauch anbietet.

Der Baumeister gibt mit diesem Werk zu verstehen, daß er den Schlüssel dazu nicht mehr besitzt noch besitzen darf. Denn Rettung ist keine Sache des Besitzes. Hier zeigt sich eine der tiefsten Tendenzen der »Wanderjahre«: daß sie den Sinn für das Eigene – das wir suchen müssen, »so weit es auch ist« – vom Besitztrieb lösen. Auf der ökonomischen Ebene geschieht das durch die Erziehung der Ansässigen zur »strengen Kunst« und dieser Kunst zur Mobilität; auf der moralischen Ebene durch die Erziehung der Wissenden zur Wanderschaft, will sagen: zur Einübung ins Offene. Inhaltlich mögen die »Wanderjahre«, wenn auch unfreiwillig, dem Industriezeitalter zudienen. Durch ihre Form säen sie bereits die Keime des Widerstandes. Die »modern« genannte Kunst wird einer Zivilisation, die Kultur zur Spezialität degradieren will, diesen Widerstand immer provokanter und erfinderischer bieten. Wenn die »Wanderjahre« ihren tieferen Sinn als Geheimnis vorführen, so ist auch an Selbstschutz zu denken; an eine Form der »Sklavensprache«. Das Naturhafte wird in den Stürmen des 19. und 20. Jahrhunderts immer schwerer zu fassen und noch schwerer festzuhalten sein. Es wird inmitten herrschender Zerstreuung ungewöhnlicher List und Sammlung bedürfen. Aber zugleich halten die »Wanderjahre« daran fest, daß es, als offenbares Geheimnis, auf der Hand liegt, wenn wir uns selber fassen; wenn wir uns anfassen wie der Vater den Sohn und der Mensch den Menschen: pfleglich und kundig.

Goethe übersetzt in den »Wanderjahren« die Unstetigkeit seines Materials in eine teilnahmefähige Erkenntnis für den Leser. Das heißt nicht nur, aus der Not eine Tugend machen: denn die Not reagiert auf eine historische Notwendigkeit, und die Tugend besteht darin, sich ihr *nicht nur* zu beugen. Es heißt ein Verfahren entwickeln zur Erhaltung der Weisheit gegen Klugheit und Kalkül. Die moderne Machart der »Wanderjahre« mag, vom Autor her gesehen, viel Unfreiwilliges haben. Eben so ist sie ein glaubwürdiges Dokument seiner Zeitgenossenschaft – und ein Zeugnis des Widerstands gegen ein oberflächliches Verständnis der Zeit. Ich kann das Buch als Lebensmittel unter den Bedingungen des Unlebens gebrauchen. Durch die Art, wie es seinen Helden zum Wundarzt bildet, entwickelt es selbst heilsame Kräfte: sie werden benötigt zur Herstellung einer Substanz, die in jeder Welt außerhalb des Kunstwerks eigensinnig, unveräußerlich bleiben muß. Die Moral der »Wanderjahre« ist die romanhafte, aber zugleich den Roman überschreitende Version des alten evangelischen Wortes, daß sein Leben verlieren wird, wer es festhält, und daß es findet, wer bereit ist, es loszulassen.

XVII

Es gibt Wilhelm Meisters »Lehrjahre« und die »Wanderjahre« – die »Meisterjahre« fehlen. Sie fehlen nicht; denn im Verfahren der »Wanderjahre« – dem Unstetigkeitsprinzip – zeigt sich die Meisterschaft, die freilich die Grenzen des Romans überschreitet. Sie ist von einem Thema des Kunstwerks zum Sinn der Kunst geworden und von der Abdankung des Meisterlichen nicht zu unterscheiden. Denn die Grenzüberschreitung findet zugleich innerhalb der Kunstform statt, im offenen Spiel mit ihr. Dieses Spiel läßt den Stoff im Glanz eines »terrestrischen Märchens« erscheinen – als »Märchen« haben auch die Romantiker den tieferen Zusammenhalt der Welt gesehen. In den »Wanderjahren« wird er noch einmal zitiert – aber im Zeichen seiner Verabschiedung. Es war einmal, daß sich im Universum alles mit allem verbünden ließ. Wer eine brüderliche Welt stiften, wer, politisch gesprochen, die Forderung der *fraternité* einlösen will, begibt sich jetzt auf eine Wanderschaft ohne Ende. Ein Ende, im Kunstwerk gesetzt, kann nicht anders als märchenhaft sein. Der Schluß der »Wanderjahre« ist eine Oper, wie derjenige von Faust II; hier kann das Vergängliche nur noch als Gleichnis erscheinen. Als Gleichnis wofür? Für das Vergängliche. Das Ende wird so gesetzt, daß es sich selbst aufhebt; wo alles aufhört, auch die Ironie, bleibt nur noch das Spiel. Es läßt die »Wanderjahre« so enden, daß sich der Vater dem Sohn, der Einzelne dem Einzelnen so zuwendet, als wäre er das Ganze. »Als ob« – aber andere Schlüsse wird es für die Kunst nach den »Wanderjahren«, die moderne Kunst, nicht mehr geben. Je empfindlicher sie sind, desto deutlicher geben sie ihre Lösung als Schein zu erkennen. Eben darin dürfen sie realistisch heißen; denn dieser Schein trügt nicht, und die Freiheit, an die er erinnert, nimmt kein Ende, solange Menschen bemüht sind, ihren Namen zu verdienen.

»Der Mann von funfzig Jahren«

[1985]

Goethes Altersroman »Wilhelm Meisters Wanderjahre« ist das am wenigsten bekannte seiner großen Werke – und wohl das befremdlichste. Der durch Versuch und Irrtum gereifte Held der »Lehrjahre« verschwindet in einem Irrgarten von Kulissen, durch den immer neues Personal läuft und unser Interesse nur zu reizen, es nie ganz zu befriedigen scheint. Zur Auflockerung – als ob die Handlung nicht schon locker genug wäre – wird das Publikum vom persönlich auftretenden Veranstalter mit kurzen oder längeren Erzählungen unterhalten, deren Zusammenhang mit dem angesagten Stück alles andere als klar ist. Ein avantgardistisches Kunstwerk – oder ein mißlungenes?

Als die »Wanderjahre« 1821 in erster Fassung erschienen, hielt sich das Publikum lieber an ein Produkt gleichen Titels, das ein Pastor namens Pustkuchen verfaßt hatte und in dem er seiner sittlichen Entrüstung über die Freiheiten der »Lehrjahre« Luft machte. Aber auch die endgültige Version von 1829 fand nur eine Handvoll geneigter und verständnisvoller Leser. »Der Mann von funfzig Jahren« ist eine von acht dem Roman integrierten Erzählungen (wenn man Lenardos Tagebücher und zwei Sammlungen Aphorismen nicht mitzählt) und die vom Umgang her gewichtigste. Sie nimmt aber auch hinsichtlich der Art und Weise ihrer »Integration« eine Sonderstellung ein. Wer sie vorstellt, wird sich zuerst über die eigentümliche Form der »Wanderjahre« als Ganzes Rechenschaft zu geben haben, und über den Prozeß ihrer Entstehung.

Außer Faust II hat kein Geschöpf des Meisters eine so langwierige Geburt gehabt – über dreißig Jahre. Einige »Binnenerzählungen« sind im sechsten Lebensjahrzehnt Goethes und im ersten des neunzehnten Jahrhunderts entstanden, in der Zeit nach Schillers Tod. Goethes Ruhm war längst eine Legende geworden. Aber in jüngeren Augen haftete ihm auch schon etwas Überlebtes, Geisterhaftes an. Mit seiner Distanzierung von den revolutionären Umbrüchen der Geschichte hatte er es nicht vielen recht machen können. Zwar hatte der avancierte Friedrich Schlegel in den »Lehrjahren« sein romantisches Programm einer ironischen Universalpoesie erfüllt gefunden und den Roman schlankerhand – neben der Französischen Revolution und Fichtes »Wissenschaftslehre« – zu einer der »großen Tendenzen« der Epoche erklärt. Diese ehrenvolle Gesellschaft kann dem sächsisch-weimarischen Minister nicht allzu bequem gewesen sein. Er verdankte dem ästhetischen Sachverstand, dem »Metier« Schillers gerade bei dieser Arbeit mehr als dem spekulativen Übermut der romantischen Jünger. Und doch spürte er, daß die »barbarischen Avantagen«, die die Zeitenwende auch der Literatur eröffnete, nicht geringzuschätzen waren. Sie hatten gegen den Kunstrichter in ihm selbst nicht nur das historische Recht auf ihrer Seite – sie versprachen auch die schöpferische Provokation, deren er bedurfte. Nicht umsonst hatte er schon die »Lehrjahre« dem abschließenden Urteil Schillers entzogen, aus Zartsinn wie aus Selbstschutz. Der große Satz, dem Vortrefflichen gegenüber gebe es »keine Freiheit als die Liebe«, mit dem der Freund seine Kritik suspendiert hatte, war im Grunde ein kritisches Lob. Es bedeckte die Grenze der Gemeinsamkeit mit dem Schleier der Gnade. Dennoch hat Goethe eine so kundige Begleitung nie mehr gefunden und nicht nur für die Fortsetzung des »Meister«-Stoffes schmerzlich entbehrt. Aus mancher Stelle der »Wanderjahre« glaubt man Schillers Züge hervorblicken zu sehen: »...der Wahn hat, solange er dauert, eine unüberwindliche Wahrheit, und nur männliche, tüchtige Geister werden durch Erkennen eines Irrtums erhöht und gestärkt. Eine solche Entdeckung hebt sie über sich selbst, sie stehen über sich erhoben und blicken, indem der alte Weg versperrt ist, schnell umher nach einem neuen, um ihn alsofort frisch und mutig anzutreten.« Eine Moral, die Männern von funfzig Jahren wohl ansteht. Aber Goethe wußte auch, warum ihm der »Irrtum«, der »Wahn« teuer bleiben mußte – und warum er aus Schillers »Freiheit« gegenüber dem »Vortrefflichen« in den »Wahlverwandtschaften« lieber ein »Rettungsmittel« machte. Das kleinere Wort paßt besser zu Goethes menschlicher Konstitution und zu seiner Art von Produktivität.

Denn die Arbeit nach dem Tod des Gefährten steht im Zeichen des Rückzugs. Vor der »tumultuarischen« Weltgeschichte sucht Goethe Deckung an einer Stelle, wo er sich seit jeher am besten aufgehoben fühlte: in der Betrachtung der Natur. Aber auch diese hat bei ihm jetzt einen neuen Akzent. Aus dem

Dilettanten ist ein methodischer Liebhaber geworden. Die versuchsweise Anwendung naturwissenschaftlicher Regeln und Gesetze auch auf literarische Gegenstände ist das augenfälligste »Rettungsmittel« Goethes in diesen Jahren der Ungewißheit und des Unmuts. Die »Wahlverwandtschaften« und die »Farbenlehre« sind verwandte Manifestationen dieses experimentellen Interesses, das individuelles und soziales Verhalten – bei fiktiven Personen wie bei realen der Wissenschaftsgeschichte – einer exakten Prüfung unterzieht.

Die Einsicht in die »Naturbindung« unserer Spezies ist freilich, wie die »Wahlverwandtschaften« bezeugen, weit entfernt, nur tröstliche Ergebnisse zu zeitigen. Es ist das Einzigartige an der krisenhaften Produktion des bald Sechzigjährigen, daß er sich auf ihre Fundamente nicht besinnen kann, ohne ihre Formen zu radikalisieren. Die Schöpferkraft erneuert, »erfrischt« sich durch die Konflikte, in die sie geraten ist. Die naturwissenschaftliche Vernunft führt zu einem freien Gebrauch auch der »Unvernunft«, von der sich die klassischen Werke nichts träumen lassen wollten. Im »West-östlichen Divan« wird die »wiederholte Pubertät« einen neuen Frühling erreichen: einen »Altersstil«, der dieses Namens spottet. Was ihn bewegt, ist freilich nicht mehr das Grundvertrauen des jungen Goethe in die »Große Mutter«, mit der man in Freud oder Leid verschmelzen kann. Der blinde Enthusiasmus ist einem sehenden morphologischen Interesse gewichen, einer »zarten«, aber sachlichen, den Widerstand nicht vermeidenden Empirie. Zur Form gehört die Grenze und zur Grenze der

Schmerz. Sie will genau genommen sein und ernst. Aber es ist ein Ernst, der sich schrittweise, stufenweise mit einer immer höheren Heiterkeit vertragen lernt. Und von der er sich mit dem Fortschreiten des kürzer werdenden Lebens immer weniger unterscheidet. Wie hat Goethe selbst den »Faust« genannt? »Diese sehr ernsten Scherze.«

So war die Bildungsidee der »Lehrjahre« in ihrer Fortsetzung, den »Wanderjahren«, nur festzuhalten, indem der Dichter sie losließ. Das Individuum hatte eine Zukunft nur dann, wenn es lernte, sich zurückzunehmen. Die Freiheit des Menschen besteht jetzt darin, seine Grenze freiwillig anzunehmen, bevor sie ihm gesetzt wird. Weniger ist mehr. Die symbolische Korrespondenz des Einzelnen mit dem Ganzen ist nicht mehr unproblematisch; denn das Ganze ist nicht mehr ganz, so wenig wie das Individuum; beides bedarf eines höheren Begriffs. »Symbolisch« aber wird nun erst recht das Gegenteil von »unverbindlich«. Nur in der Verbindung mit andern haben wir etwas zu bedeuten. Selbstverwirklichung mag immer mehr wie Entsagung aussehen. Aber Entsagung meint nicht Verzicht auf Handlung. Sie ist die Voraussetzung aller Handlungsfähigkeit. Unbedingt geboten bleibt in der bedingten Welt nur eins: Verzicht auf Ungeduld gegenüber Menschen und Gegenständen, auf das »scheinbare Einpfählen der scheinbaren Sache« (Kafka). Widersprüche und Gegensätze liegen in unserer Natur. Sie wollen nicht abgeschafft sein. Aber sie sind, zu unserem Glück, ihrerseits schaffende Kräfte. Die Natur bedient sich der Polarität zur »Steigerung«, zur Metamorphose in eine höhere Form. An diesem Prozeß kann die menschliche Schöpferkraft mitwirken, und die literarische kann ihn nach- und sogar vorbilden. In ihren Grenzen? Kraft ihrer Grenzen.

So ist die Geschichte der »Wanderjahre« diejenige der allmählichen Entwicklung neuer Kräfte zu neuen Formen: der Lebensart, der Gemeinschaft, der Dichtung. Es sind offene Formen – auch wenn die einzelnen Elemente auf den ersten Blick nach bekannten Mustern gebaut sein mögen. Der zweite Blick aber zeigt, daß diese Formen zugleich zur Disposition gestellt sind – einer Freiheit, die man vorläufig als »Ironie« bezeichnen mag. Kein übles Wort – es hätte den Romantikern gefallen –, aber wohl nicht das letzte in dieser Sache. Diese Freiheit höheren Grades manifestiert sich in der Formenwelt der »Wanderjahre« als Kommunikation der Einzelformen untereinander. Eine spiegelt sich in der nächsten und in ferneren. Sie intensivieren und relativieren einander gegenseitig, stellen ein Netzwerk von Beziehungen her, das in der Weltliteratur seinesgleichen sucht – das einen neuen Begriff von »Weltliteratur« erst konstituiert. Der Leser der »Wanderjahre« begibt sich in ein Universum des Dialogs, der tätigen, selbsttätigen Vielsinnigkeit, der schillernden Deutungen, des potenzierten Spiels, dessen Heiterkeit vollkommen ernst, dessen Ernst ganz heiter ist. »Da sich manches unserer Erfahrungen nicht rund aussprechen und direkt mitteilen läßt, so habe ich seit langem das Mittel gewählt, durch einander gegenübergestellte und sich gleichsam ineinander abspiegelnde Gebilde den geheimeren Sinn dem Aufmerkenden zu offenbaren.«

– so Goethe an K.J.L. Iken während der Arbeit an diesem Roman.

Eine der in dieses Netz eingewirkten Erzählungen ist »Der Mann von funfzig Jahren«. Am 4. August 1807 meldet das Karlsbader Tagebuch: »Den Mann von funfzig Jahren bis zu einer gewissen Epoche.« Er habe sich »in verschiedenen Epochen auf verschiedene Weise beschäftigt«, hat er aus demselben Kuraufenthalt an Zelter geschrieben, »erst kleine Geschichten und Märchen, die ich lang im Kopf herumtrage, diktiert«. »Epoche« – das merkwürdige Wort taucht in einem Brief an Frau von Stein wieder auf: gemeint ist die Arbeit an verschiedenen, aber offenbar kommunizierenden Gegenständen innert weniger Wochen: diktieren, zeichnen, geologische Forschungen, die gleichsam spiralförmig wieder »zur freieren Phantasie« zurückkehren. Die Materie der »Wanderjahre« war nicht für zusammenhängend-disziplinierte Arbeit geschaffen. Sie verlangte geduldige Annäherung, ein Abstecken von vielen Richtungen her; es mußte viel getan, gelebt, erfahren, vergessen sein, bis die »freiere Phantasie« diesen romanhaften Schauplatz besiedeln konnte. Wie Goethe 1821 bemerkt: die »Wanderjahre« waren nicht »aus Einem Stück«, aber »aus Einem Sinn«. Im April 1808 las Goethe den »Mann von funfzig Jahren« »bis zu einer gewissen Epoche« bei Hofe vor und arbeitete im folgenden Sommer weiter an einzelnen Stücken des Romans. Aber im nächsten Jahrzehnt tritt dieser hinter andern Arbeiten, der »Farbenlehre«, »Dichtung und Wahrheit«, dem »West-östlichen Divan« zurück. Einzelne Erzählungen erscheinen in Cottas

»Damenkalender« – so 1818 »Der Mann von funfzig Jahren«.

In einem Gespräch mit dem vertrauten Sulpiz Boisserée vom September 1815 – also in der Periode westöstlicher Verzauberung – finden sich die Stichworte: »Meisters Wanderungen. Novellen. Bestimmte Zahl der möglichen Liebesverwicklungen.« Diese letzte Formulierung läßt auf den schon angesprochenen »methodischen« Vorsatz für diesen »Straußkranz« von Novellen schließen, der ihn jedenfalls von klassischen (italienischen und spanischen), aber auch von romantischen Gegenstücken unterscheiden sollte – durch ein »naturgeschichtliches« Interesse an den »möglichen Liebesverwicklungen«. Auch die »Wahlverwandtschaften« waren ursprünglich als Beitrag zu dieser Test-Reihe unter dem Vorzeichen »Wilhelm Meister« gedacht. Goethe mußte *diesen* Novellenstoff aus einem Rahmen entlassen, den seine Behandlung nicht nur umfangmäßig gesprengt hätte. Sie hat ihn zu einem »Roman« eigenen, dämonischen Rechts auswachsen lassen, in dem die Idee der Gattung – die Re-Kreation eines sinnvoll geordneten Universums – einem fatalen und unauslöschlichen Zwielicht ausgesetzt wird. Nirgends ist Goethe dem Absolutismus des unheilbaren, sprachlosen Konflikts des Menschen mit sich selbst, den er bei Kleist fürchtete und »Gefühlsverwirrung« nannte, selbst so nahe gewesen wie in diesem Meisterstück der Desorientierung und alles abschließenden Verzweiflung.

Aber die »Natur« ist auch in jenen Erzählungen, die nun in die »Wanderjahre« eingeschmolzen sind, alles andere als gütig und leicht zu versöhnen. »Der Mann von funfzig Jahren« wiederholt gedämpft, aber unverkennbar, die Konstellation der »Wahlverwandtschaften«. Auch hier täuschen sich die Personen bei bestem Willen über sich und ihre Gefühle. Die Novelle ist von tragischen Konsequenzen nicht weit entfernt. Alle »Binnenerzählungen« behandeln das schuldbegründende Motiv der Liebesverwirrung, der »verruckten« Verhältnisse zwischen Mann und Frau. Die Epoche, wo dergleichen noch als »galantes« Motiv gelten konnte, ist gründlich untergegangen – auch in »altmodischen«, lustspielhaft-verwickelten Fabeln wie »Wo stickt der Verräter«. Es ist die Ausnahme, ein Glücksfall, wenn Worte, die einer zu sich selbst spricht, von anderen gehört werden und sogar sein Glück machen. Was heiter ausgeht, ist immer ein Werk genauer Not. Die Erzählung »Nicht zu weit« wäre als das Fragment, das sie ist, schwer erträglich, wenn Goethe in der »Rahmenhandlung« – dem Roman – nicht für eine gewisse Richtigstellung gesorgt hätte. Ob sie ausreicht, Odoardo durch sein Amt als Menschenführer und Pionier von seinem ehelichen Elend zu absolvieren, darüber mag man streiten.

Aber eine »Funktion« des Romans gegenüber den Erzählungen wird wohl deutlich. »Privat« Unlösbares soll in einer höheren, nicht nur geselligen, sondern sozialen und gerechten Ordnung aufgefangen werden. Die Figuren der Erzählungen werden zu Wandernden und »Entsagenden«, um nicht wie Eduard und Ottilie in den »Wahlverwandtschaften« zu enden. Die Romanhandlung hat den Sinn, die novellistischen Gewalten zu begrenzen, ihre zwar unentbehrliche, aber auch zerstörerische Energie einem gemeinnützigen Verhalten zuzuführen. Die »Wanderjahre« sollen im großen und ganzen eben das sein, wofür sie Wilhelm Meister als Einzelfigur qualifizieren: Heil-Kunst; ein »Rettungsmittel« auch gegen die »Liebe« und ihre grenzenlosen Mißverständnisse, mit denen sich Liebende so leicht und mutwillig übernehmen.

Die Leser der ersten, 1821 erschienenen »Wanderjahre« begegneten unserer Erzählung freilich in stark reduzierter Form. Die Handlung endete mit dem späteren 3. Kapitel, also auf dem Höhepunkt der Mißverständnisse und noch vor dem Eintritt der Krise. Mit einem »harten Schnitt« ließ Goethe damals dem Fragment eine Fortsetzung im Roman folgen. Er schloß unmittelbar das jetzige 7. Kapitel des 2. Buches an, die Episode am Lago Maggiore. Die Auflösung dieser neuen Figurenkonstellation im Zeichen »Entsagung« war in der ersten Fassung des Romans auch dessen letztes, einigermaßen brüskes und wenig befriedigendes Wort in unserer Geschichte. Von Makarie – und damit dem »Vorwalten eines höheren Leitenden« – war damals noch nicht die Rede. Ebensowenig von der in der endgültigen Fassung en passant mitgeteilten »Richtigstellung« der Verhältnisse. Nachdem mehrere Jahre ins Land (des Romans) gegangen sind, läßt der Erzähler nämlich Hilarie und Flavio als glücklich Vermählte in der großen Abschiedsvorstellung der »Wanderer« um Makarie auftreten (III, 14). Und ebenfalls ohne weitere Erklärung erfährt der Leser, daß sich auch der Major und die schöne Witwe gefunden haben.

Aber auch die Fassung letzter Hand, erweitert nun um die Kapitel II, 4 und 5, bleibt ein Fragment und läßt allerhand zu fragen – und vielleicht auch zu wünschen – übrig. Da die Novelle zu denen gehört, die Goethe dazu bestimmte, in den Roman »einzuwachsen«, muß der Leser wissen, wie sehr, und in welcher Weise, die »abgeschlossene Erzählung« ergänzungs- und fortsetzungsbedürftig ist – ein Köder, dazu bestimmt, ihn auf das weite Feld der »Wanderjahre« hinauszulocken. Hilaries nicht ganz durchsichtige Weigerung, sich mit dem »vollkommen gattlichen« Flavio zu verbinden, wird also »jenseits« nicht endgültig sein. Sie wird gleichsam vor eine höhere Instanz weitergezogen; dieser Prozeß sei hier wenigstens skizziert. Mit dem ausdrücklichen Hinweis, daß er den Ausgang der Novelle – unschlüssig und »temporär«, wie er bleibt – nicht entkräftet. Schon darum nicht, weil auch die weiteren Schritte der Beteiligten, nach dem Willen dieses Romans, nur als Stufen zu denken sind – zu einer Metamorphose, die den Kunst-Raum – und vielleicht die Grenzen des Lebens – überhaupt überschreitet und für die der Name »Makarie« als Wegweiser steht.

Im siebenten Kapitel des zweiten Buches also läßt Goethe Wilhelm Meister, nachdem er seinen Sohn Felix in der »Pädagogischen Provinz« gelassen hat, in der Gesellschaft eines jungen Malers nach Italien reisen – das Land Mignons, die Gegend um den Lago Maggiore. Dort begegnen die Freunde den beiden Frauen unserer Novelle, Hilarie und der schönen Witwe. Ihre Rivalität darf man sich kraft ihrer Einsicht in die »Grenzen der Menschheit«, die Makarie vermittelt hat, als erledigt denken. Der Erzähler führt die beiden jetzt in jenes Land, »wo die Zitronen blühn«, aber nicht mit ihren Liebhabern, sondern gewissermaßen als vertraute Schwestern im Konflikt. Die Reise ins Paradies der schönen Natur ist zugleich eine Pilgerschaft in den Raum der Kunst und in die Tiefe der Erinnerung an eine legendäre Tote – die Erinnerung der »Wanderjahre« an die »Lehrjahre«, das heißt: des Romans an einen Roman. An diesem See mit seiner »verdoppelten Spiegelung« werden die beiden selbständig gewordenen Frauen versuchsweise »neu gepaart«. Ihr Zusammentreffen mit Wilhelm und dem Maler ist von traumhafter und keineswegs unzweideutiger Festlichkeit. Aber diese alchemistische Hoch-Zeit dient nicht der Liebeserfüllung, sondern der Steigerung der erregten Gefühle zur »Entsagung«. Die »Goldorangen« in Mignons Natur-Garten sind verbotene Früchte und nur als nicht genossene solche der Erkenntnis. Wer die Insel der Seligen nur als Mann und Frau betritt, dem zeigt sie sich als Totenreich.

Aber eben an diesem imaginär-realen Ort lernt Hilarie sehen und malen. Sie wird von einer Dilettantin der Kunst zu einer Erfahrenen – das heißt in Goethes Sprache immer auch: zur Eingeweihten in die Lebenskunst. Die junge Frau, die sich ihrem Oheim »auf ewig« versprochen hatte, um nachher zu erfahren, daß die Natur solcher Schwüre spottet, eignet sich durch schöpferische Betrachtung ein höheres Verständnis der Natur an. Dieses ermöglicht ihr, ihre eigenen Widersprüche nicht mehr »moralisch« (polarisierend), sondern mit gesteigerten Sinnen heilsam, therapeutisch zu behandeln. – Hilarie war die einzige, die in der Novelle von Anfang an eines eigenen Namens gewürdigt wurde. Er ist »bedeutend«, denn er enthält ein Versprechen (die Fröhliche, Heitere). Als Künstlerin löst sie es ein; als Frau lernt sie auf den Lehrer in der Kunst, den jungen Maler, verzichten. Damit ist die »doppelte Spiegelung« des südlichen Sees für sie zum »schaffenden Spiegel« geworden. Sie hat »entsagen« gelernt – darum kann sie auch glücklich machen. Denn dieser Gegensatz ist gleich-gültig geworden. Das gesteigerte Leben, das sie als Künstlerin meistert, erlaubt jetzt auch eine nicht mehr zwanghafte, sondern heitere Betätigung der mann-weiblichen Polarität. Es ist möglich, daß sie sich jetzt mit Flavio verbindet, weil soviel anderes, soviel mehr möglich geworden ist. Aber es ist – Goethes beiläufiger Nachtrag in III, 14 der »Wanderjahre« beweist es – nicht vieler Worte wert. Die Gefühle sind bei dieser Novelle nicht – wie in den »Wahlverwandtschaften« – zu selbsttätigen Kräften geworden, die den Fühlenden mit sich entzweien und schließlich seinen Körper vernichten. Sie sind erzogen – von Gnaden des Romans, durch seine künstlerische Praxis.

Eben diese Praxis verbietet es aber auch, vom Gegensatz Novelle/Roman, Binnenerzählung/Rahmenhandlung zuviel Aufhebens zu machen. In der ersten »Wanderjahre«-Fassung von 1821 mögen solche Fragen der Gattungs-»Schicklichkeit« noch eine größere Rolle gespielt haben. Der Erzähler behandelt sie – durch gleichsam schuldbewußte Motivierungs- und Verknüpfungsversuche – als Problem; eben so wurden sie ein Problem auch für den Leser. Wenn das die Fortsetzung der »Lehrjahre« sein sollte: was trugen die Erzählungen dazu bei? Was war aus dem »Helden« geworden, der immer mehr in einen schwer überschaubaren Figurenschwarm zurücktrat? Was aus Natalie, die er nur noch einmal – durch ein Fernrohr – zu Gesicht bekam? War das nicht eben unterhaltsame »Entsagungs«-Motiv ein hinreichendes Alibi für die Vernachlässigung der »Charakter«-Zeichnung, für den Verzicht auf erzählerische Kontinuität? Waren die sich vordrängenden sozialen und pädagogischen Utopien mehr als schrullenhafte Exkurse eines alten Mannes, der einen Zeitroman schreiben wollte, ohne die Zeit recht zu verstehen? War das in Makarie verkörperte, kaum noch körperliche »vorwaltende Leitende« mehr als eine Mystifikation, ein fragwürdiger Religions-Ersatz? Und wenn es dem Roman mit der Universalität seines Anspruchs ernst war: was sollten die eingestreuten Märchen, Anekdoten, Aphorismen? Nicht genug damit, daß die Moral dieser Geschichte obskur war – sie war ja zum großen Teil gar nicht »ausgeführt«; und den »ausgeführten« Figuren fehlte meist eine schlüssige Beziehung zum »Rahmen«. Wäre es nicht redlicher gewesen, solche Miszellen schlicht und recht als »Vermischte Erzählungen« herauszugeben, statt sie als Klammern einer Roman-Konstruktion zu verwenden, die ihrerseits auf so schwachen Füßen stand?

In der Endfassung 1829 trieb der Verfasser die Sorglosigkeit noch weiter. Und doch war sie das Ergebnis einer gewissenhaften Arbeit, die das Vertrauen zu ihren Freiheiten über drei Lebensjahrzehnte hin schöpfen, herstellen gelernt hatte. Die erste Fassung des Romans war »unfertig« nicht deshalb, weil es ihr an »Ausführung« gebrach, sondern weil sie auf halbem Weg zu einer ganzen Unbefangenheit stehengeblieben war. Das zweite Stück Weges verlangte neben höchster Sorgfalt auch die höhere Inspiration. Jetzt erst gelang es Goethe, das disparate Thema zu *komponieren*. Er hielt sich nicht mehr damit auf, sogenannte »Lücken« zu füllen, lose Fäden zu verknüpfen – dergleichen wurde immer mehr zur geringsten Sorge. Jetzt ging sein Sinn dahin, die Grenzen des Gemachten und des noch Machbaren spielen zu lassen; die gegebenen und geformten Motive als Material für ein Kunstwerk der Beziehungen und gegenseitigen Spiegelungen zu behandeln: die »Wanderjahre« als Mobile. Die verschiedenartig bewegten Teile wurden beweglich für ein in seinem Reiz unerschöpfliches »Gesamtkunstwerk« der Reflexe, Echos und überraschenden Kombinationen. Dabei war beides zu bedenken und gegenseitig zu ermöglichen: die Würde der »Einzelnheiten« (und Charaktere) in ihren Grenzen – wie der offenbleibende Sinn des großen Ganzen.

Ist es verwunderlich, daß die große Weimarer Ausgabe etwa 50 Kompositions-Entwürfe anbietet? Aus der versuchsweisen Zusammenstellung disparater Elemente ergab sich schließlich eine Komposition, in der die Puzzlesteine sich zu einem Bild höherer Art fügten, ohne daß einer genau in den nächsten zu passen brauchte; wo jeder für sich stand und für eine verschwiegene Einheit sprach. Goethe erlaubte sich, dem Leser diese Einheit anheimzustellen, nachdem ihre Überzeugungskraft für ihn selbst hinreichend beglaubigt war: »...denn ich kann mich rühmen, daß keine Zeile darin steht, die nicht gefühlt und gedacht wäre.« »Eine Art von Unendlichkeit« sagte ein verständnisvoller Zeitgenosse dem »Büchlein« nach; sie gleiche derjenigen des Lebens selbst, denn »es findet sich in dem Komplex des Ganzen Notwendiges und Zufälliges, Vorgesetztes und Angeschlossenes, bald gelungen, bald vereitelt...« Oder, mit einem Wort aus dem »Mann von funfzig Jahren«: es bedurfte »gar manches Unreinen, um ins Reine zu kommen«.

Die »Wanderjahre« – wie der »West-östliche Divan« oder »Faust II« haben sich gleichsam nach dem Muster von Goethes chromatischen Versuchen entwickelt. In der Erscheinung der »entoptischen Farben« erblickte er entzückt die »Steigerung« eines natürlichen Phänomens zum Kunstgebilde. Daß man ihm nachhelfen dürfe, um die »wiederholten Spiegelungen« ins beste Licht zu setzen und ihre sinnliche Wirkung zu steigern, hat er in seinem naturwissenschaftlichen Hauptwerk (man lese zum Beispiel »Im Wasser Flamme«) immer wieder betont und die böhmische Glasindustrie zur Vervollkommnung dieser Natur-Kunst aufgerufen. Die erzählerischen Elemente der »Wanderjahre« mögen über Jahrzehnte »natürlich« gewachsen sein, ohne zweckvolle Absicht auf das »vorwaltende Leitende«, das mögliche Ganze des Romans, und doch in geheimer, für den Autor selbst inkalkulabler Beziehung darauf. In der großen »Redaktions«-Arbeit der späten zwanziger Jahre hat Goethe, seine »Sammlung« hin und her wendend, ihre Wirkung erst zum Kunstwerk der Reflexion gesteigert – zur Reflexion durch Komposition. Immer selbstgewisser verließ er sich darauf, daß ein Stoff, der über Lebensjahrzehnte gereift war, eigene morphologische Kräfte entwickle, die einer höheren Form entgegenstrebten. Das Geschäft des »Redakteurs« bestand dann nicht weniger darin, diese Entwicklung walten zu lassen, als darin, sie zu organisieren. Ein solches stufenweises Wachstum des Ganzen hat immer wieder neue Erzählungen und Erzählweisen, aber auch immer neue offene Stellen hervorgebracht. Aber auch diese sind nun endgültig keine »Lücken« mehr. Sie haben ihre eigene Form; sie stellen den Raum her, den die Spiegelungen für ihre »Wiederholung« ebenso benötigen wie die »Körper« der Erzählung. In diesem alchemistischen Prozeß kann die poetische Materie zeigen, zu welchem Grad gesteigerter Läuterung und Heiterkeit sie bei teilnehmender Behandlung fähig ist. Die Figur Makaries ist auf diese Weise »entstanden«, gleichsam aus der Notwendigkeit, die Widersprüche der Figuren sinn-fällig aufzuheben, ohne sie negieren zu müssen. Wilhelms Berufung zum Wundarzt »ergibt sich« so als Lösung eines Lebensknotens, als Erfüllung der »Bildungs«-Idee im paradoxen Zeichen »erfüllter Entsagung«. Am Ende dient sie der Hilfe für die Wiedergeburt des Sohnes Felix als Bruder. Die »bewegliche Ordnung« war in den »Lehrjahren« noch eine »innerweltliche« Bildungsidee gewesen – jetzt ergreift sie die Romanform und bildet sie zu etwas Neuem um. Diese Form selbst gehört jetzt zu den »Wanderern«. Sie wandert aus ihren Konventionen aus, um dem nicht mehr »behausten« Menschen des beginnenden 19. Jahrhunderts eine symbolische Heimstätte zu bieten für seine schwierig gewordene Suche nach einem Sinn. »Überall steht noch etwas anderes dahinter«, sagt Goethe in einem Gespräch dem Kanzler von Müller am 8. Juni 1821, »jede Lösung eines Problems ist ein neues Problem.« Ist hier nur von den »Wanderjahren« die Rede – oder auch von der Pflicht des Romans, seine Leser auf einem neuen Weg des Bewußtseins zu begleiten? Die »Wanderjahre« mochten als Abwendung von einer Epoche begonnen haben. 1830 stehen sie an der exponiertesten Stelle der neuen Zeit und rühren an ihren Kern. Nicht als »Zeitroman«, der sie auch sind, sondern als Kunstwerk im Bewußtsein seiner Grenzen – und der Chance, sie zu überschreiten. Sie sind 1830 so epochal modern wie hundert Jahre später der »Ulysses«. Daß sie es so beiläufig sein können, so heiter-gelassen, ist vielleicht das Wunderbarste daran.

Ein Werk, das im ganzen ein so neues Spiel eröffnet, wird auch in jedem seiner Teile vom Geist dieses Ganzen erleuchtet sein. Der Leser, der weiß, wie sehr die Grenzen zwischen »Rahmen« und »Binnenerzählung« fließend sind, wird diese »Grenzenlosigkeit« auch innerhalb einer einzelnen Erzählung wahrnehmen und besser verstehen.

Der Autor – in der Maske des »Redakteurs« – nimmt sich in der Endfassung die Mühe nicht mehr, die Einführung einer neuen Fabel anders als ironisch zu motivieren. Wurde »Der Mann von funfzig Jahren« 1821 Wilhelm noch von Hersilie aus ihrem Bekanntenkreis zugespielt, so wendet sich jetzt der Erzähler ohne Umstände an den Leser. Er erklärt dem »werten Publikum«, warum er in diesem Fall dessen

Gewohnheit, »sich stückweise« zu unterhalten, zuwiderhandeln müsse, und daß er die »nachstehende Erzählung« wegen ihres »inneren Zusammenhangs« in einem »fortlaufenden Vortrag« einzurücken gedenke. Das ist unter Goethes »Verfremdungseffekten« keineswegs der krasseste. (»Unter den Papieren, die uns zur Redaktion vorliegen, finden wir einen Schwank, den wir ohne weitere Vorbereitung hier einschalten, weil unsere Angelegenheiten immer ernsthafter werden und wir für dergleichen Unregelmäßigkeiten fernerhin keine Stelle finden möchten.«) Ebenso gelassen bricht er die Novelle ab. Wenn »Der Mann von funfzig Jahren« 1821 noch ein Fragment mit einer gleichsam polierten Bruchstelle war, so endet die »vorläufig definitive« Fassung mit Stichworten, als Skizze, deren Ausführung er sich an dieser Stelle schenkt.

Aber auch innerhalb der Novelle gelten andere Regeln und Gewichte als diejenigen konventioneller Ereignisdramaturgie und »mitfühlender« Erzählung. Die Szene der Abweisung Flavios durch die schöne Witwe malt der Erzähler nicht aus »aus Furcht, hier möchte uns die jugendliche Glut ermangeln«. Dieser hat er aber durchaus nicht ermangelt, als er den Jüngling gänzlich verstört (»sie hatten Orest gesehen«) im Schloß der Tante einbrechen läßt – ein Auftritt, in dem die erregte Sprache des »Redakteurs« die Verben zu unterschlagen und ins Staccato der Werther-Zeit zu fallen scheint. »Der Vater ist nicht hier, besänftigen Sie sich; hier ist Tante, hier ist Nichte, sehen Sie hin!« Aber kann dieser Aufregungsstil das unterdrückte Lächeln des Erzählers verbergen? Der Leser versteht:

er liest das Zitat einer Aufregung. Diese »guten, alles Anteils würdigen Personen«, »unser Flavio«, auch »unser Major« verlangen seinem Stil keinen letzten Ernst ab. Vielmehr: die Begebenheiten, die ihnen zustoßen, sind so »ungeheuer« nicht, wie sie ihnen selbst vorkommen mögen (und wie es die von Goethe selbst geprägte Definition der Novelle verlangt: »eine ungeheure sich ereignete Begebenheit«). »Wir wollen gern bekennen, in dem Laufe, wie diese Begebenheit uns bekannt geworden, einigermaßen besorgt gewesen zu sein, es möge hier einige Gefahr obschweben, ein Stranden, ein Umschlagen des Kahns, Lebensgefahr der Schönen, kühne Rettung von seiten des Jünglings, um das lose geknüpfte Band noch fester zu ziehen. Aber von allem diesen war nicht die Rede« ... Wer kann hier nicht den schönsten Kanzleistil seiner selbst spotten hören – und *en passant* auch des vielen Geräuschs, das eine so jugendliche Liebesgeschichte den Erzähler zu machen veranlaßt. Wie anders klingt die Sprache jener Mondnacht, in der die Liebenden »im Geflimmer des Widerscheins die Gestalt eines Mannes hin und her schweben« sehen, der auf dem Eis »seinen Schatten zu verfolgen schien und selbst dunkel, von Lichtglanz umgeben, auf sie zuschritt«. Diese Gestalt ist der Mann von funfzig Jahren im Augenblick seiner Wahrheit – der den Traum seiner Jugend, eine Welt trügerischer Hoffnung, in sich zusammenfallen läßt. Auf diese Katastrophe aber verwendet der Erzähler das kleinste und leiseste mögliche Wort: »die Gestalt schien sie nicht bemerkt zu haben«. – Unter den mannigfaltigen Spielformen von »Entsagung» in den »Wanderjahren« weiß ich keine tiefer anrührende als den Versuch zur Hilfeleistung, den der enttäuschte alternde Mann sofort zugunsten des niedergeschmetterten Pärchens unternimmt – umsonst, denn es hat sich längst selbst geholfen, während der Major »den leeren Schlitten ... vergebens ins Weite und Breite hülfreich herumgeführt« hatte. Hülfreich? Alles andere: hilfloser und ungeschützter steht im ganzen Roman keine Figur wie der Mann von funfzig Jahren in diesem einen Satz. Und keiner faßt sich »männlicher« – wobei ihm freilich ein ausgefallener Vorderzahn die Besinnung erleichtert. Ironie, Melancholie und Erheiterung sind in solchen Einzelheiten eine unauflösliche Verbindung eingegangen – nicht anders als im großen und ganzen der »Wanderjahre«. Die Vereinbarkeit von allem mit allem, des Lächerlichen mit dem Erhabenen, kann sich an der Oberfläche der Erzählung zeigen wie in der Verjüngungskur, in der sich der alternde Liebende halb entzückt, halb geniert versucht. Aber auch dieses »falsche« Bewußtsein hängt zwanglos mit dem tiefsten Bewußtsein zusammen – denn ruft das Motiv (das in Thomas Manns »Tod in Venedig« wieder auftaucht) nicht Fausts Hexenküche in Erinnerung? Und können sich die menschenfreundlichen Wahrheiten des Verschönerungskünstlers weniger hören lassen als die spöttischen Mephistos? Flavio, in dem Tante und Nichte »Orest sehen« – sieht sich der Leser Goethes da nicht auch nach Iphigenie um? Und warum regt die Bezeichnung »Schwester« Hilaries »Allerinnerstes« auf? (Eissler wüßte in seiner psychoanalytischen Goethe-Monographie dazu das Nötige zu sagen – und vielleicht etwas mehr.) Das männliche

Personal der Novelle liebt es, sich in Gedichten auszusprechen – der Major didaktisch (und immer in Sorge um seine »Pedanterie«), der Sohn eher in neuerem Stil. Aber die Wirkung dieser Dichtung (in der Dichtung) ist voller Ironien. Bald unfreiwillig komisch, wie das Jagd-Poem des Vaters, bald unfreiwillig wahr, wie die Assoziation der schönen Witwe mit der Spinne Arachne – aber auch dann nicht die ganze und schon gar nicht die letzte Wahrheit. Die Dichtung Flavios dagegen, »authentisch«, wie sie sein möchte, wirkt gerade darin so ungemein alterstypisch. Wenn sie das Tiefste meint, weiß sie nicht ganz, wovon sie spricht – zu ihrem Glück, da sich gerade der Ausdruck völliger Verzweiflung als das geeignete »Rettungsmittel« erweist. Aber auch über der ahnungsvoll-ahnungslosen Wechselpoesie des jungen Paars schwebt der Goethe-Ton – und für den Leser die Erinnerung, daß auch Helena, die schönste der Frauen, dem verjüngten Faust so »reimweis« entgegengekommen ist (und daß ihre Verbindung so wenig wie alles Schöne oder Wahre dauert).

Reflexe, Spiegelungen – über die Novelle, ja über die »Wanderjahre« hinaus. Aber auch innerhalb des Romans stellt »Der Mann von funfzig Jahren«, mit seinem »wahlverwandtschaftlichen« Handlungsmuster, nur *eine* Variation zum Thema »verruckter« Liebesverhältnisse dar. Die Novelle »spiegelt sich« in »Nicht zu weit«, in »Wer ist der Verräter?« – aber auch in der Hersilie-Felix-Romanze, wie diese sich wieder in der »älteren« Konstellation Wilhelm/Philine und Wilhelm/Mignon. Immer das gleiche, nie dasselbe stößt den literarischen Personen an voreiliger Paarbildung, unlösbar scheinender Gefühlsverwirrung zu. Immer das gleiche, nie dasselbe Mittel verhilft ihnen zur Einsicht in ihre Grenzen und gibt ihnen damit die Kraft, »sich zu steigern«: »Entsagung«. Und so verschiedenartig die Formen dieser Metamorphose: keine ist zu verwechseln mit Einengung und Unfreundlichkeit gegenüber der überwundenen Stufe. Wie wäre sie zu überwinden gewesen, wenn man nicht gelernt hätte, sie gelten zu lassen! Aber dem Zufall entwächst nur, wer sich ins Notwendige schicken gelernt hat. Dann hat es keine Not mehr damit; dann erst ist die Freiheit gewonnen, das Muster – nicht mehr dasselbe, nicht mehr ganz das gleiche – zu erfüllen. Am Ende des Spiels sind die Paare dieser Novelle »richtig gemischt«. Aber wer auf das Happy-End der Novelle gespannt bleibt, muß weite Wege durch die »Wanderjahre« gehen und wird vom Erzähler höchst dürftig abgefunden. »Wink« genug, daß die Spannung von »Der Mann von funfzig Jahren« – und die »Lösung« – in ganz anderer Richtung gesucht werden muß. Nämlich in der Korres -pondenz, in der jede Erzählform sich zu jeder andern und jede mit sich selbst befindet. Und schließlich in der »Steigerung« dieser Spiegelverhältnisse zum »vorwaltenden Leitenden«, hier Makarie genannt. Ein Höheres, zu dem sich alle Stellen des Romans in gleicher Nähe und Ferne befinden. Und von dem sie, wenn sie sich ihm entgegenwenden, gleichmäßig erleuchtet, erheitert werden.

Ja, auch erheitert. Denn steht Makarie für ein »religiöses Prinzip«? Nicht wenn man gewohnt ist, sich das Religiöse als Absolutes zu denken; wenn man das

Verbindliche der Religion darin sehen will, daß – außer der theologisch und dogmatisch erlaubten – keine menschliche Verbindung dahin führt. Goethes religiöse Figuren sind der Inbegriff aller unter Menschen möglichen Korrespondenz; das, was sie inspiriert, erhebt, und das, was ihnen zugrunde liegt. In der Bindungs- und Verbindungsfähigkeit, die der Natur und der Kunst möglich ist, entfaltet sich Goethes Frömmigkeit – und was er als »heilig« darstellt, wie Makarie, ist von Vieldeutigkeit und Vielsinnigkeit nicht ausgenommen. Von der »Schönen Seele« der »Lehrjahre« bis zur Ottilie der »Wahlverwandtschaften« haftet Goethes heiligen Wesen etwas Fragwürdiges an: Makarie macht keine Ausnahme. Ihre geheimnisvolle Identität mit dem Universum ist exzentrisch und läßt sich auch als krankhaft deuten. Ob die Stimme ihres frommen Verehrers, des Astronomen, die »Wahrheit« des Autors ausspricht, bleibt offen (aber unerheblich). In »Der Mann von funfzig Jahren« hilft Makarie die Verhältnisse durch ein Mittel entwirren, das man auch Indiskretion nennen kann: sie gibt die ihr im Vertrauen geschriebenen Briefe an die Leute weiter, von denen in diesen Briefen die Rede ist – anklagend, absprechend. Auf diese Weise pflegen sonst Intrigen gesponnen, nicht Entfremdungen aufgehoben zu werden. Aber: will dieser befremdliche Zug der »Heiligen« nicht etwas zugleich Einfaches und Symbolisches besagen: daß nämlich nur offengelegte Verhältnisse entwicklungsfähig sind? Ist »Makarie« nicht ein anderes Wort für jene höhere Ordnung, die Menschen keinem Höheren als ihrer Menschlichkeit schulden – dem Heiligen in ihnen selbst? Ihrer eigenen möglichen, immer wieder möglichen Entwicklung begegnen sie romanhaft in einer seltsamen alten Dame – und gewinnen dadurch die Kraft, diese Entwicklung *wirklich* zu nehmen (so wirklich, wie in einem Kunstwerk möglich). Dabei gibt es keine »Wahrheit für alle« – darum ist Makarie auch nicht für alle dieselbe. Denn der »Bildungsroman« bringt die einzelne Wahrheit, die in jeder Figur, von Lenardo zu Philine, vom Barbier bis zum Faktor, zum Leuchten – und läßt sie unter dem Firmament der Kunstfigur Makariens mit andern, aber gleichberechtigten Wahrheiten zusammenbestehen. Und, was eine Neuheit der »Wanderjahre« ist, auch zusammenwirken.

Denn die »Wanderjahre« sind ein Auswanderer- und Kolonisations-Roman. Sie lassen sich ein auf die Utopie einer »pädagogischen Provinz« und relativieren auch sie an entscheidenden Stellen. Die erzieherischen und genossenschaftlichen Modelle, die Goethe mit Blick auf die Fellenbergsche Erziehungsanstalt und Owens transatlantisches *New Harmony* entwickelt, zeigen ihre Grenzen bereits im Roman (»wir dulden keine Juden unter uns!«). Und die Zucht der Musterpädagogen ist an Felix verloren. Zu seinem Glück – und dem seines Vaters. Denn wie ihm die »Unart«, aus der Flasche zu trinken, schon in den »Lehrjahren« das Leben gerettet hatte, wird seine ungezähmte Heftigkeit in den »Wanderjahren« zum Rettungsmittel für Vater und Sohn. Noch auf der höchsten Stufe des Romans bedarf es »gar manches Unreinen, um ins Reine zu kommen«.

Auch in »Der Mann von funfzig Jahren« braucht sich kein peinlicher Zug, keine lachhafte Irrung des Lichts zu schämen. Sogar trübe Gäste können das »Entsagen« buchstabieren lernen. Vollendete Ironie? Aber auch an dieser Ironie bleibt das Beste offen. Der Roman ist ein Gegenbild der Schöpfung, das dem Leser »wie in Wirklichkeit« zu schaffen macht, das ihm eine eigene Schöpfung zumutet – und zutraut. Mindestens die liebevolle Entdeckung seiner Grenzen – und, wenn's hoch kommt, am Ende auch die Grenze seiner Begrenztheit.

Das letzte Wort des Romans lautet (aber es ist durch *zufällige* Umstände bei der Drucklegung des Romans an diese Stelle gelangt):

»Wer lange in bedeutenden Verhältnissen lebt, dem begegnet freilich nicht alles, was dem Menschen begegnen kann; aber doch das Analoge und vielleicht einiges, was ohne Beispiel war.«

Geburtstagsrede auf einen entfernten Bekannten

[1968]

Es gibt, wie in der deutschen Politik, auch in der deutschen Literaturgeschichte so etwas wie eine Anerkennung de jure und de facto: Autoren, die man lobt, und Autoren, die man liest. »Man«, das sei in diesem Falle eine statistische Person: der Leser, der den Gegenständen seines vergangenen Deutschunterrichts nicht für immer entfremdet ist, der ein gelegentliches, aber aufrichtiges Bedürfnis verspürt, auf sie zurückzukommen. Liest er Goethe wieder? Kommt er über einige Pflichtseiten hinaus, die ihm bestätigen, was er schon weiß: daß dieser unermüdlichen Okkupation mit dem Schönen, Guten, Wahren nicht leichtfertig, sondern mit Respekt zu begegnen ist; daß einen der Nachteil, in dem man sich dem reinen äußeren und inneren Umfang dieses Werks gegenüber befindet, besser verstummen macht; daß das ganz gewiß etwas fürs Leben ist – aber für welches Leben, für wessen Leben eigentlich? Es wird leicht geschehen, daß die Antwort auf solche Fragen seltsam gewunden ausfällt; so als wüßte der Gefragte nicht recht, ob er sich zu seinem stillen Verdacht bekennen darf; ob er sich übelnehmen muß, daß ihn Goethe eigentlich nicht bewegt; ob es eine Schande ist, daß er sich nicht bewegen läßt. Man kann dagegen manchmal die heftigen Sätze hören: die Frage sei nicht, was uns die Klassiker noch zu sagen hätten; die Frage sei vielmehr, wie wir selbst, ob wir selbst noch vor ihnen zu bestehen vermöchten. Ich habe diesen Tenor nie gemocht. Er setzt, auch wenn er gut gemeint ist, die Erpressungen eines gewissen Deutschunterrichts fort, der Goethes Größe heilsgeschichtlich statt historisch behandelte. Offenbar in der Annahme, wer den Satz, Goethe sei unser größter Dichter, oft genug habe nachschreiben müssen, werde ihn nach Eintritt der Reife schon seinen Kindern weitergeben. Und so hat er sich auch fortgepflanzt: aber die heimliche Unlust, die ihn begleitete, rächt sich, indem sie uns freiwillig kaum mehr einen Band Goethe anrühren läßt. Es rächt sich, daß Goethe zum Gerücht der Reifgewordenen geworden ist, zur Galionsfigur wechselnder Establishments; die verhinderte, aufgeschobene Nachprüfung, die Goethe vielleicht weniger zu fürchten gehabt hätte als seine Verehrer, rächt sich. Vielen von uns kann Goethe jetzt ein Klassiker sein; man hat ihn zum Tempel hinaufbefördert, hinter Glas fixiert; dort mag er bedeutend sein, aber nicht für uns. Wie weit die sakrale Fixierung gediehen ist, kann man mit einem kleinen Test nachprüfen; die Frage: ist Goethe gut? läßt sich nicht einmal zum Spaß stellen, sie verdirbt das Spiel einer prüden Konvention, ja, sie hat etwas Tempelschänderisches und Obszönes. Um Goethe herum hat der Spaß in der deutschen Literaturbetrachtung längst aufgehört.

Mir scheint, Goethes Geburtstag sei eine Gelegenheit wie eine andere, uns über unser unnatürliches Verhältnis zu Goethe ein paar Gedanken zu machen. Es ist ja nicht in allen Fällen so, daß die Nachrede des »Klassischen« schon genügt, uns von der Lektüre der betroffenen Dichter abzuschrecken. Es gibt schwierige und durchaus entfernte, ja abseitige Autoren, deren Stimmen, auch wenn sie die Mundart vergangener Jahrhunderte sprechen, uns wieder aus fast erschreckender Nähe anrühren. Es kostet auch Mühe, etwa Kleists Erzählungen zu lesen; aber diese Mühe bezieht ganz andere Energien aus ihrem Stoff als bei Goethe; sie läßt sich mitreizen von dieser hochgereizten Prosa, mitfesseln von den Bewegungen eines Geistes, der am Käfig seiner Sätze zugleich rüttelt und baut. Auch bei Büchner haben wir die durchdringende Empfindung, zwar keinen Zeitgenossen, aber einen modernen Autor zu lesen; wir haben ähnliche Empfindungen, um ältere Autoren zu nennen, bei Lichtenbergs Aphorismen oder Lessings Streitschriften. Vielleicht darf ich nur von mir selber reden: mich berührt die unordentliche Entwicklungsgeschichte des Grünen Heinrich unmittelbar, die geordnete Wilhelm Meisters läßt mich kühl, obwohl ich keine Mühe habe zu sehen, warum und worin der »Wilhelm Meister« das bedeutendere Buch ist. Zu sehen, gewiß; aber zu glauben, zu spüren? Wieder stehen wir vor dem Kreuz von Goethes Ruhm: bedeutend, aber für wen?

Mir scheint, was uns, unter vielem andern, von Goethe entfernt, ist nicht, daß sein Verständnis, wie das jedes vergangenen Autors, der Eingewöhnung, ja der Vorbildung bedarf; der historischen, der philologischen, der rhetorischen, der mythologischen Vorbildung. Die Schwierigkeit scheint mir im Anspruch zu bestehen, der auf dieser Vorbildung liegt – oder auf sie gelegt wurde; sie tritt als Maßstab der Humanität auf, von der Abweichung nur ins Minderwertige möglich ist; sie hat, im Mund ihrer Verkünder, etwas Autoritäres angenommen, dem unsere Vorstellung von Humanität widerspricht. Es rächt sich, unser Freiheitsbedürfnis rächt sich an Goethe dafür, daß er in den Rang eines Rechtschreibers erhoben wurde; auf die Wörter und Sätze, die uns noch möglich sind, ist die empfohlene Orthographie nicht mehr anwendbar, und es scheint uns eine buchstäblich akademische Frage, und eine Frage ohne geschichtlichen Sinn, ob er uns damit ins Unrecht gesetzt habe oder wir ihn. Viele von Goethes Sätzen sind gegenstandslos geworden, weil sie als Rezepte verkauft wurden; wir kennen die Krankheiten nicht mehr, auf die sie zutreffen, und für die Krankheiten, die wir haben, helfen sie uns nichts. Die Schwierigkeiten Werthers oder Tassos rechtfertigen unter uns keine Tragödien mehr, Iphigeniens schöne Seele kommt für unsere Art Wahnsinn nicht mehr auf, Hermanns und Dorotheas Glück findet unter Ausschluß der Geschichte statt. Ja, gerade wo es um Geschichte geht, läßt uns Goethe im Stich: der Unsinn, den er in ihr sah, macht uns den Sinn, den er ihr entgegenhielt, zweifelhaft: so eng darf es nicht sein, das Reich der freien Menschlichkeit; die Revolution war nicht das Rüpelspiel, das Goethe im »Bürgergeneral« aus ihr machte, und noch die kostbare und undurchsichtige Perle der »Natürlichen Tochter« ist um einen zu hohen Preis, den der geschichtlichen Verzweiflung, gefischt. Vielleicht ist es vor allem dies, was Goethes Gestalten von uns entfernt hat: ihre eigene, stolze oder schmerzliche, Entfernung aus der Geschichte, die ihnen, von der Schwelle verwiesen, nur um so deutlicher und mokanter von hinten über die Schulter blickt: Der reine Adel der Menschlichkeit kann plötzlich, den Leser verstimmend, die Serenissimus-Züge eines Duodez-Adels annehmen, dessen Stunde zu Goethes Zeit längst geschlagen hatte. Um vom Drama zu sprechen: hält man ein Stück der griechischen Tragiker, Shakespeares, aber auch Büchners oder Brechts, Stücke, in denen eine gewaltige geschichtliche Substanz gefangen ist, neben Goethes Dramen, so erscheinen diese eigentümlich leicht, keimfrei, zart in den Farben, durchscheinend und delikat wie Wolkenversammlungen. Es ist die Atmosphäre von Zeitlosigkeit, in der sie schweben, was sie so gewichtlos macht; und was sie so hoch erhebt, entfernt sie so weit von uns; es bedarf der Magie einer besonderen, zur Täuschung willigen Stunde, die sie so nahe erscheinen läßt, wie sie uns nicht mehr sind. Denn wir haben in bitteren Beispielen erfahren, daß die veredelte, die schöngemachte Humanität immer die verkürzte Humanität ist. Es ist gewiß nicht fair, die nach Goethes eigenem Ausdruck verteufelt humane Iphigenie zusammenzusehen mit den Prachtweibern und Edelmenschen, auf die später deutsches Kleinbürgertum seine verklemmte Sehnsucht warf. Aber man entschuldigt, meine ich, die wilhelminischen oder nationalsozialistischen Kulturträger nicht, wenn man feststellt, daß der Mißbrauch, den sie trieben, sich immer wieder, wo nicht auf Goethes Geist, so doch auf seinen Buchstaben berufen konnte. Sie fanden bei ihm allerhand, was sie ihren eigenen trüben Systemen unterlegen konnten: Ordnungstrieb, Ruhebedürfnis, Lebensdisziplin, Verdrängung des Politischen, Gebärden der Repräsentation. Freilich: was immer störte, war die Beweglichkeit von Goethes Ordnungsbegriff, seine Aufbrüche in Ironie, Unmut, Verzweiflung, seine Freiheit, auch des sauer Erworbenen wieder zu spotten, die Pose zu verspielen, die Trauer zu verschlafen. Man behalf sich so, daß man die Ausnahme mit demselben Bierernst registrierte wie das, was man für die heilige Regel hielt. In der Praxis sah das so aus, daß höhere Schüler Goethes Geliebte mit derselben Pedanterie auswendig lernen mußten, als wären es südamerikanische Hauptstädte oder chemische Formeln. Halbwüchsige wurden feierlich mit einer Liberalität bekannt gemacht, der sie selber beileibe nicht nachleben durften, weil sie aller etablierten Moral widersprach, nur bei Goethe nicht, der etablierten Ausnahme, der als eine Art Superman für alle Widersprüche in der Pädagogik seiner Oberlehrer aufkam; auch das nahm die Schüler begreiflicherweise nicht für Goethe ein. Ein ähnlicher doppelter Standard zeigte sich, wenn vom »Dämonischen« die Rede war, das, ohne genauer bestimmt, ohne gegen den schäbigsten Mißbrauch des Wortes geschützt zu werden, nun einmal Goethes allumfassender Natur zugeschrieben und als sein unerforschliches Prärogativ gefeiert wurde. Hier, an unseren Bildungsanstalten, wurden die Hypotheken aufgenommen, die Rituale eingeübt, die unser natürliches Verhältnis zu Goethe belasten. Indem man Goethe zum Dichterfürsten erhob, preßte man den Schülern, als wären sie noch Untertanen des 18. Jahrhunderts, einen Respekt vor ihrem Souverän auf, den man zu begründen sich ersparte, dem man nicht zuzutrauen schien, daß er in der Freiheit, in der Erfahrung gedeihe. Dieses Goethebild war eine Beleidigung der Vernunft, zu deren Betätigung man die Schüler in andern Fächern anhielt, und sie betätigte sich auch, indem sie sich an Goethe desinteressierte. Daß es auch eine Beleidigung Goethes war, wenn ein frustrierter Studienrat seine eigenen Vorstellungen von Doppelleben an Lotte oder Marianne weidete, konnte den Schülern in einem solchen Deutschunterricht nicht aufgehen. Die Autoritäten glaubten Goethe zu ehren, indem sie ihn zu den Ihrigen zählten. Wie eine trübe Wolke umlagern ihn die Zeugen, die auf seinen Namen – natürlich in guten Treuen – jeden Meineid leisteten und das Dämonische bei Goethe mit jedem Dämon kompromittierten, der des deutschen Weges kam: mit dem Dämon wilhelminischer Kraftmeierei ebenso wie dem nationalsozialistischen Stumpf- und Irrsinns. Fausts Pakt mit dem Teufel – übrigens einem zivilen und vernünftigen Teufel – wurde zum Freibrief für nationale Festredner, ihrerseits zur Landnahme aufzurufen und das Unzulängliche Ereignis werden zu lassen. Die Wege zu Goethe, auf denen man Generationen wandeln und dann auch marschieren ließ, sind tief verschmutzt. Gewiß, Goethe hat diesen verhängnisvollen Teil seines Ruhms nicht verdient. Daß die Augen der klassischen Bildung so blind werden konnten, brauchte sich der Liebhaber antiker Statuen nicht träumen zu lassen. Aber der Bildungspopanz ist ein fast undurchdringlicher Aspekt von Goethes historischer Person geworden, und viele, die die edlen Verse der Iphigenie mit falschem Zungenschlag gehört haben, können nicht mehr hinhören.

Goethes Ruhm war heikel von Anfang an. Begründet hatten ihn Werke wie der »Werther« und der »Götz von Berlichingen«, denen ihr Schöpfer selbst schon bald skeptisch gegenüberstand; fest etabliert, über jeden Zweifel und jede Konkurrenz erhoben hatte ihn die romantische Generation, und gerade sie sah etwas anderes in ihm, als ihm lieb war, nämlich ihresgleichen. Ob man ihn, wie die populäre Romantik, als Genius und Begründer einer nationalen Literatur feierte – wozu man freilich über vieles hinwegsehen mußte, über seine Kühle gegenüber der Befreiungsbewegung, über seine peinliche Sympathie für den französischen Eroberer – oder ob man, wie die theoretische Romantik, ihre Tendenz zur »progressiven Universalpoesie« in seinem Werk, besonders im »Wilhelm Meister«, erfüllt sah – Goethes Größe zeigte sich zuerst in einer romantischen Konstellation, und für Engländer und Franzosen ist er, anders als für die Deutschen, bis heute einfach ein Dichter der Romantik geblieben. Mit gutem Grund; denn Länder, die eine wirkliche Klassik gekannt haben, die Gesamtorientierung einer Gesellschaft und ihres Bewußtseins auf ein »vorwaltendes Leitendes«, den Absolutismus Elisabeths der Ersten oder Ludwigs des Vierzehnten – solche Länder haben ein Gefühl dafür, daß einzelne Kunstwerke, und wären sie noch so bedeutend, daß die wunderbarste persönliche Lebensleistung keine Klassik begründen können. Niemand wußte besser als Goethe, wie sehr sein kleiner Fürstenhof ein Glücksfall, also unrepräsentativ war. Klassische Dichtung oder Kunst lassen sich ebensowenig supponieren wie die Nation, deren reifer

Ausdruck sie sind; und diese Nation war zu Goethes Lebzeiten noch weit entfernt, er glaubte nicht an ihr klassisches Kapital, er schrieb, je älter er wurde, desto entschiedener als Partikular für ein paar fast zählbare Einzelne im kleinen Sachsen-Weimar und in aller Welt. Als, vierzig Jahre nach Goethes Tod, die Nation dann kam, teilte sie die Bedenken allerdings nicht, die er hinsichtlich ihrer gehegt hatte; aber sie hätte diese Bedenken nicht schlagender bestätigen können als durch die Art, wie sie ihn, den Dichterfürsten, auf ihren neugermanischen Schild erhob, nachdem sie das imaginäre und törichte Rennen mit Schiller zu seinen Gunsten hatte ausgehen lassen; die Etablierung dieses angeblichen Dichtergespanns und Zwillingsgestirns ist ein weiteres tragikomisches Kapitel dessen, was Nietzsche die Exstirpation des deutschen Geistes zugunsten des deutschen Reiches genannt hat. Man ließ diesen Gußbildern eine Ehre angedeihen, deren man schon durch die Art der Ehrung spottete; dieser Goethe der Kurparks und der Lesebücher ist noch einmal, mehr denn je, Romantik, freilich schlechte, patriotisch trivialisierte, auf den Hund gekommene. So ist die Geschichte von Goethes Ruhm die Geschichte von Goethes Verhaftung, seiner Verstümmelung zum Nationalhelden, seines Umgusses in Taschenmunition, geistige erst, dann auch ganz buchstäbliche. In zwei Weltkriegen bewies man, wie genau man es mit der Humanität zu nehmen gedachte, für die man das Alibi seines Namens beanspruchte.

Der Fluch ist schwer abzuschütteln. In merkwürdiger Weise bleibt er auch in den Rettungsversuchen Goethes wirksam, an denen unser Jahrhundert überreich ist. Gerade der hohe Ton, den sie anschlagen müssen, das Raunen, in das sie gern verfallen, das Schweigen, das sie gebieten, all das verrät ihre Abhängigkeit von jenem pseudo-sakralen Goethebild des 19. Jahrhunderts, über das sie hinausführen wollen. Wie gründlich muß eine Sache verlorengegangen sein, wenn nur die stärksten Beteuerungen, der angestrengteste Hochsinn sie noch retten können.

Aber wir wollen uns Goethe von keiner Autorität mehr retten lassen. Vielleicht liegt diesem Mißtrauen das heute weit verbreitete Gefühl zugrunde, daß hier viel mehr als ein neues Goethebild, viel mehr auch als die Literatur, daß nichts Geringeres als eine neue Reinlichkeit unserer Einrichtungen und Ausdrucksmittel auf dem Spiele steht; daß *uns* nur noch der ernsthafteste Generationenkonflikt retten kann. Und sein erstes Opfer muß sein: eine Sprache, die sich nicht verständigen will, sondern die schleichende Kolportage verflossener Andachts- und Zauberformeln ist; jenes Besprechen von schönen Gegenständen, als wären sie nicht ganz von dieser Welt, als scheute man sich, sie zu berühren, jener Seelenton, der im besseren Fall schlechte Gewohnheit, im schlimmen Fall soziale Erpressung ist. Ein wie großer Teil der schönen und auch der gelehrten Literatur, wieviele Bücher über Goethe sind in diesem unsauberen erbaulichen Dialekt geschrieben? Wie fremd mutet in dieser Literatur der Gedanke an, daß Goethes ja keineswegs olympische, sondern historische Gestalt Kritik *verdient*! Wir bitten um keinen »Goethe von innen« mehr – nicht nur, weil es die Bitte eines Gentleman-Faschisten war, sondern weil wir das Innerste in diesem Jahrhundert ein paar Mal nach außen gekehrt gesehen haben, und der Anblick war grausam.

Kritik als Ausdruck der Achtung, als geschichtliche Höflichkeit, als Eingeständnis eines Bedarfs: diese Kritik hat es mit andern Autoren leichter. Büchner, Heine, Lessing – der Mißbrauch hat sie aus guten Gründen links, buchstäblich links von seinem blutigen Wege liegenlassen. Ja, auch Heine, den meistkonsumierten Lyriker des letzten Jahrhunderts, nachdem einmal heraus war, daß seine Reize dem satten Magen nicht bekamen. Sie waren Autoren der Ernüchterung; für uns haben sie den unmittelbaren Reiz der Komplizität. Aber Goethe? Mir scheint, die Kontakte mit ihm können nicht klein, nicht vorsichtig genug aufgenommen werden, unter Vermeidung etablierter Kanäle, bekannter Worte, eingeübter Fragen. Macht Goethe Spaß?

Ich glaube, das ist die Frage, die sich der Deutschlehrer nicht gestellt hat, bevor er Goethe »dran« nimmt; und es ist die Frage, die die Schüler, wenn die erste Stunde vorbei ist, nicht mehr stellen. Früher vielleicht im Gefühl ihrer Frivolität, weil es eine Frage ist, deren man sich vor so viel Klassik offenbar zu schämen hat; heute wohl eher, weil sie sich nicht lohnt, weil sie hoffnungslos ist. Ich kannte einen Deutschlehrer, der seinen Schülern ins Heft diktierte: »Goethe ist der Glücksfall der deutschen Literatur.« Warum nicht, wenn der Lehrer gern diktiert. Aber: macht Goethe Spaß? Angenommen, die Frage sei immer noch etwas peinlich, und wäre es nur, weil sie sozial bloßstellt – dann kann sie nicht ganz unrichtig gestellt sein.

»Spaß« ist ja kein dummes Wort, wenn man es genau befragt. Es ist in der menschlichen Natur zu Hause: wir unterhalten uns gern, und der Autor könnte es darauf angelegt haben, uns zu unterhalten. Es ist in der Kunst zu Hause: Kunst ist fein gesponnener Spaß. Es weiß, was Mut ist: weit getriebener Spaß. Menschlichkeit: ein Spaß, der Spaß versteht. Dazu gehört auch, daß der Spaß weiß, wo er aufhört. Aber man kann sich darauf verlassen: je größer der Dichter, desto länger dauert bei ihm der Spaß – länger als bei vielen kultivierten Leuten, die Spaß nicht ernst genug nehmen. »Diese sehr ernsten Scherze« – eine solche Charakteristik des »Faust« könnte kaum von einem seiner Deuter stammen. Sie stammt von Goethe.

Aber die Spielregel verlangt, daß man eine solche Frage zuerst sich selber stellt und nur im eigenen Namen zu beantworten versucht. Was mir bei Goethe Spaß macht, ist zunächst seine Mundart, eine leichte, keineswegs dialektbedingte, sondern stilistische Abweichung vom mittleren Sprachgebrauch, die ihre Konstanz, eine gewisse unwillkürliche Methode hat. Man *hört* Goethes Sprache aus der zeitgenössischen Poesie und Prosa heraus. Sie hat einen Ton, der mühelos im Mund sitzt und sich ins Ohr legt, obwohl sie von einer gewissen Seltsamkeit, ja Manier getragen ist; sie hat eine Art, die Prägnanz zu umspielen, die suggestiver ist als das sogenannte treffende Wort, weil sie auch nicht realisierten Bedeutungen fühlbar mitzuschwingen erlaubt. Diese zarte, kaum identifizierbare Abweichung von der geraden Linie verleiht Goethes Sprache das, was er selbst gern »das Inkommensurable« genannt hat, und reichert sie, wie die

Unregelmäßigkeiten griechischer Tempel, mit dem Reiz immer frischen Lebens an; sie ist dieser Elastizität so gewiß, daß sie sich Lizenzen leistet, die bis zum Umständlichen, ja Linkischen gehen, um mit einem Wimperschlag wieder in die Mitte zu treffen, die dann als gelungene Überraschung und kleine Überwältigung kommt. Goethes Mundart balanciert mit einem Geschick, das vollkommen unabsichtlich, zufällig, ja launisch berührt, zwischen den Strichen des Artigen und des Treffenden, aber eines Treffenden, von dem man noch nie zuvor gehört hat, dessen man erst in dieser Relation, durch dieses Pendelspiel inne wird.

Es ist merkwürdig, daß aus diesem Grund die Kategorie des Originellen Goethe eigentümlich unangemessen ist; seine Sprache scheint nicht einmal der Absicht danach fähig zu sein; sie will nichts erreichen, ihr Witz ist: sie kommt an, sie ist wach, heiter, sie ist da. Sie gibt den Gegenständen, die sie berührt, jenen Eigenglanz, den der Zen-Buddhismus mit dem umständlichen, aber lächerlich passenden Wort As-it-is-ness umschreibt, und geht dabei, wie eine japanische Blumenmeisterin, keineswegs zimperlich und verzärtelt zu Werk; die Bewegung, mit der da eine Sache hingesetzt wird, gleicht nicht selten derjenigen, mit der Kolumbus das Ei zum Stehen brachte: das Unmögliche geschieht auf dem natürlichsten Weg. Dieses Goethesche Ankommen und Dasein hat tatsächlich, selbst wenn es die ernstesten Gehalte bewegt, etwas leise Humoristisches, ist gewissermaßen das Resultat eines Stolperns; man prüfe daraufhin die Strophenübergänge der Marienbader Elegie nach, in denen das Ungeschick, ja die Haltlosigkeit einer starken Erschütterung zur Triebkraft einer neuen Stanze wird, die ihre Form gerade der Form spottend erfüllt. An solchen Beispielen wird deutlich, was Schiller meinte, wenn er sich mit Goethe verglichen einen »poetischen Lump« nannte. Solche Gedichte sind nicht auszusinnen; sie ergeben sich, sie sind gelegenheitlich. Heute haben junge Leute wieder Sinn dafür, daß Revolutionen, die nach einem Plan ablaufen, deren Gehalt nicht in jedem Punkt vom unmittelbaren Gefühl verifiziert werden kann, ihren Namen nicht verdienen. Die Bewegung von Goethes Poesie hat etwas in diesem Sinn Revolutionäres, aus kleinen authentischen Happenings Zusammengesetztes; sie gleicht dem Gaukeln, das ja auch die feinste Art des Stolperns ist, eines Stolperns durch die Luft, dessen scheinbar zerstreute Impulse den Falter unfehlbar zu seiner Blüte tragen – und zu einer größeren als die, auf die es abgesehen schien. Es macht Spaß, so das Unvorhergesehene von Satz zu Satz aufblühen zu sehen; da leuchtet der Schein des Zufälligen auf, der an höchste Kunst gemahnt, aber nur gemahnt, denn sein höherer Reiz ist derjenige der Kunstlosigkeit. Es macht Spaß, die simulierte Natur sich mit der simulierten Kunst so vollkommen aufheben zu sehen, daß der Leser an Hexerei glaubt: die größte ist, daß es mit natürlichen Dingen zuzugehen scheint. In den gelungensten Partien von Goethes Werk, für uns vielleicht am stärksten im Werk der letzten zwei Lebensjahrzehnte, ist zweierlei mit Händen zu greifen: daß es so wunderliche Produkte noch nie und nirgends auf der Welt gegeben hat und: daß sie vollkommen von dieser Welt sind. Man lese nur das »Sankt Rochus-Fest in Bingen« – schon beim Lesen nimmt diese Prosa die Qualität der Erinnerung an. Man begegnet ihr nicht; man ist ihr schon begegnet.

Goethes späte Prosa überhaupt – man hat sie gern »gedanklich« genannt, aber das Lieblingswort des jungen Hofmannsthal »geisterhaft« trifft sie wohl besser. Sie hat durchaus nicht die übliche Stringenz von »Gedanken«, kommt nicht deutlich vom Einen zum Andern; Übergänge, die wir für logisch halten, verstehen sich nicht von selbst. Viel eher hat man den Eindruck, daß hier ein Zaudern das nächste gebe; die Würde, die es begleitet, täuscht nicht ganz darüber weg, daß hier eigentlich gehüpft wird, daß es mit diesem oder jenem Übergang nicht so weit her ist, daß man ihn einer Laune zugute halten muß. Aber es ist an eben diesen Stellen, wo die Goethesche Prosa atmet, Luft läßt zur Durchsicht, Raum zur Heiterkeit für den Leser. Die Schönheit dieser Prosa ist nicht zu trennen vom Glücksgefühl der Duldung, des Entgegenkommens, des Mitspielens, zu dem sie einlädt. Es ist buchstäblich wahr, daß Goethe unter allen Autoren deutscher Sprache am unmittelbarsten an das Weibliche, das Schwesterliche im Leser appelliert, das ihn denn auch unfehlbar freispricht und geschmeichelt zu sich hinanzieht. In dieser psychologischen Grunddisposition finden viele Züge ihren Platz, die wir bisher der Sprache abgemerkt haben: Gedankenlosigkeit, Absichtslosigkeit, Spieltrieb, Schabernack und Gaukelei versammeln sich zum Bild eines Jünglings, dessen Linien Thomas Mann mit boshafter Einfühlung auch im Gesicht des alten Goethe nachgezogen hat; eines nicht besonders männlichen Jünglings, eines Jünglings, dessen heimliches Liebesziel die Schwester ist, die man neckt und die am Ende verzeiht. Ein Goethe, unendlich weit von den martialischen Gußfiguren des patriotischen Olymps entfernt, unter die man ihn versetzen wollte; unendlich viel näher, in seinem blau- und gelben Wertherkostüm, den jungen Leuten mit langem Haar, Jungen oder Mädchen, die unsere Ordnungskräfte nicht einmal mehr mit ihren Gummiknüppeln auseinanderhalten können. Wir leben in Zeiten, wo Bruder und Schwester einander näherstehen als jeder von ihnen dem Vater oder der Mutter, wo, kulturpsychologisch gesehen, die Inzestschranke zwischen Generationsgeschwistern verschwindet. Die Mythe des Ödipus versinkt, diejenige Antigones kommt herauf. Ich halte es für möglich und für hoffnungsvoll, daß Goethe von einer geschwisterlichen Kultur wieder entdeckt und von den Sünden der Väter gereinigt wird; einer Kultur, die Spaß, seine Art von Spaß, versteht. Zu lange, mehr als hundert Jahre lang wurde sein Andenken nicht von seinesgleichen, sondern von Unliebenswürdigen verwaltet, die, statt sich von ihm bestechen zu lassen, aus dem Schatz seiner Liebenswürdigkeit ihre falsche, harte Münze prägten.

Lehrreich in mehr als einer Hinsicht ist das Schicksal von Goethes naturwissenschaftlichen Schriften. Die Zunft, an die er sich wandte, ließ nicht gelten, daß er von seinem Gegenstand bestochen war, daß er in seinem Namen, in seinem Sinn wieder zu bestechen wünschte; sie hatte einen strengeren, engeren

Naturbegriff als er. Rührend, in anderem Sinne rührend als Goethes Poesie, erscheint uns der Trotz, mit dem er vor dem Tribunal der neuen Wissenschaft auf den Beweismitteln seiner Liebe bestand. Denn für ihn war es ein Naturrecht, recht zu behalten, wo er liebte; er konnte in den Realien der Natur kein anderes Gesetz am Werk sehen als das, was seine Dichtung trug, und er verstand nicht, warum das Eine, dessen er gewiß war, nicht in Allem gelten sollte. Er vermochte das Urteil der Tatsachen, die Lieblose geschaffen hatten, bis zu seinem Tod nicht anzuerkennen. Wir vermögen wohl besser zu sehen, ein wie weiser Instinkt in dieser augenscheinlichen Donquixoterie am Werk war: der Unwille, den ganzen Begriff der Natur, von dem seiner Einsicht nach der ganze Begriff des Menschen und des Menschlichen abhing, der Einzeldisziplin und ihrem Idiotismus auszuliefern. Er kämpfte nicht gegen Windmühlen, sondern gegen eine neue babylonische Sprachverwirrung, zu der die Arbeitsteilung der Fachwissenschaften unweigerlich hinstrebte. Er glaubte nicht an eine abstrakte, autonome, vom Subjekt ihres Erforschers und von den Mitteln ihrer Erforschung unabhängige Natur; was sie, als bloßer Gegenstand behandelt, hergab, war Weisheit post mortem, Pathologie, die den Menschen nicht diente. Die gegenseitige Abhängigkeit von Subjekt und Objekt, die Hegel dann für den Gang der Geschichte etablierte und für die es auch in der modernen Naturwissenschaft wieder verschämte Äquivalente gibt, war Goethe von Anfang an eine Selbstverständlichkeit, die *conditio sine qua non* jeder Naturerkenntnis, die diesen Namen verdiente; ja, bei ihm verdiente sie den intimeren Namen des Gesprächs zwischen Subjekt und Subjekt. Wie die Natur den ganzen Einsatz ihres Liebhabers forderte, so antwortete sie ihm auch, wenn man die Sprache ihrer Symbole verstand, in jeder Einzelheit ganz.

Der Preis für diese symbolische Ganzheit, im Mund ihrer Verächter, ist rasch genannt: Dilettantismus. Wer es gebraucht, muß es konsequenterweise auch auf Goethes übrige Produktion und auf die Art dieser Produktion anwenden. Die kunsterzieherischen Ambitionen der »Propyläen«, die Anwendung eines chemischen Gesetzes auf die Entwicklungen eines Romans, die Beschäftigung mit orientalischer Poesie – fast alles, was Goethe anrührte, atmet den Geist des Dilettantismus, zu dessen Privilegien es gehört, im Einzelnen verfehlen zu dürfen, was er im Ganzen trifft, um lauter kleine Irrtümer den beweglichen Umriß der Wahrheit zu ziehen. Ein Dilettant ist einer, der Spaß hat und Spaß macht. Oder, in der Sprache des »West-östlichen Divans«: »Freude des Daseins ist groß / Größer die Freude am Dasein.« Hierin liegt die Wahrheit dieses Werkes: in seiner Generosität gegenüber allem, auch dem eigenen Dasein; in seiner von Koketterie, von Schelmerei nicht freien Liebe, die den so zutraulich Liebenden auch wieder liebenswürdig macht.

Angenommen, diese Charakteristik sei nicht ganz unrichtig, so weiß ich nicht, ob sie Goethe zum größten deutschen Dichter macht – und gestehe auch gleich, daß mir sein Listenplatz herzlich gleichgültig ist. Wunderbar bleibt allerdings, daß ein so herrschender Konsensus auf einem so intimen Gelingen gedeihen konnte. Denn Goethes Genie ist Intimität; das ist die delikate Kehrseite seiner Geschichtsferne, der inkommensurable Gewinn seiner ganz unklassischen Position. Es ist ein Genie, das sich aus zarten Einzelheiten zusammensetzt und nur in der Summe seiner Nuancen besteht – ein so einzigartiges, bei aller Zartheit so robustes Phänomen, daß man die Hilflosigkeit versteht, die sich davor in die Nachrede des Klassischen flüchtete. In einem tieferen Sinn hat es ja seine geschichtliche Richtigkeit damit, daß der Klassiker der Deutschen ein Privatmann ist. So groß war die List, die seine Schwester, die Natur, sich mit ihm erlaubte, daß er noch 136 Jahre nach seinem Tod im gemeinsamen Schnittpunkt der widersprüchlichsten Sympathien erscheint: der Reaktionäre und der Progressiven, der Heiden und der Christen, der Goethe-Gesellschaften in Ost und West. Es scheint, man brauche ihn gar nicht zu lesen, um in ihm zu erkennen, was man ist und was man entbehrt: die geschichtliche Vereinzelung, ja Einsamkeit der deutschen Kultur, die sich auch noch in der dümmsten und plumpsten Goethe-Nachfolge, ja gerade hier verrät – und die Liebenswürdigkeit, die damals, dies einzige Mal, mit der Vereinzelung zusammenging und deren Segen man nicht einmal für seine Kanonen entbehren kann.

Wer aber Goethe wieder liest, wird heute vielleicht am meisten jene Stellen lieben, wo das Werk seine eigene Grenze bezeichnet. Nicht als klassizistischen Kontur, sondern als Atmosphäre dieses Werks selbst; als von Satz zu Satz, von Pause zu Pause mitwandernde, mitbewegte Grenze; als Spur eines Lächelns, als Unmut, als Spott, als Spiel mit dem Werk. Als Zeichen dafür, daß Kunst, die gelungene Kunst, nur beiläufig gelingt und daß sie nicht das Letzte ist – und noch lange nicht das Erste.

Sprachkultur und Literatur

[1984]

Jan Willem van de Wetering, der niederländische, englisch schreibende Verfasser vorzüglicher Kriminalromane, hat sich einen Teil seiner Qualifikation – für mich: den wichtigsten – als Adept eines Zen-Klosters in Kyoto geholt. In seinem Erfahrungsbericht »Der leere Spiegel« referiert er die Geschichte eines Mönchs, der Stunde um Stunde damit zubringt, den Garten von gefallenem Laub zu säubern. Nebenan haust ein alter, bereits invalider Meister, der ihm bei dieser gewissenhaften und ruhmlosen Arbeit zuschaut. Als sie vollbracht ist, sagt der Alte: Jetzt fehlt nur noch eins. – Was? will der fleißige Gärtner wissen. – Trag mich über den Zaun, dann will ich's dir zeigen. – Der Mönch gehorcht, und der Alte schleppt sich zu einem Bäumchen, das noch nicht alles Laub hat fallen lassen, und schüttelt es kräftig. Im Nu ist der mühsam gesäuberte Garten wieder mit Blättern übersät. Das! sagte der Alte vergnügt.

Das scheint mir kein schlechter Eingang zum Kapitel Literatur und Sprachkultur, also Sprachpflege. Sie soll sein – und sie muß nicht sein. Sie soll sein, weil sie den Brauch stiftet, die Regel einschärft, die den Garten für Augen und Sinne erquicklich macht – die ihn als Garten überhaupt erst konstituiert. Aber – nein, das Aber ist schon falsch; *und* sie muß nicht sein, wenn einer des Weges kommt, der den Brauch stören, die Regel brechen darf. Und daß er es darf, erweist sich einzig daran, wie er's tut – und ob es ihm gelingt. Wir haben es offensichtlich in unserer Zen-Geschichte mit einem höheren, subtileren Kunstverständnis zu tun als dem der bloßen Gartenpflege, wobei es ganz falsch, das heißt: ganz unbuddhistisch wäre, dem sorgfältigen Gärtner Beschränktheit zu unterstellen. Er hat recht getan, den Garten zu pflegen. Und wenn er sich dieser Mühe nur um ihrer selbst willen unterzogen haben sollte, war sie immer noch wohlgetan – nur dann war sie wohlgetan. Sie war einfach nicht die ganze Arbeit; sie war noch nicht zu Ende. Von abendländischen Prämissen her könnte man versucht sein, hier die Natur gegen die Kultur auszuspielen, etwa wie der Sturm und Drang *seinen* Shakespeare als dichterisches Ur-Phänomen ausgespielt hat gegen das französische Regel-Wesen, die Dramaturgie des Genies gegen die der Konvention. Man könnte die neu fallenden Blätter als einen Triumph höherer Schadenfreude sehen, der den Ordnungshüter ins Unrecht setzt; aber so war es nicht gemeint. Da soll kein Stümper durch Schaden klug, sondern ein frommer Täter durch Geschehenlassen weise werden. Wenn er bei dieser Gelegenheit erleuchtet wurde, so durch die Erfahrung der Ergänzungsbedürftigkeit des Tuns durch Nicht-Tun; noch mehr: der Zusammengehörigkeit, ja der Gleich-Gültigkeit von Position und Negation. Noch etwas mystischer ausgedrückt: das sorgfältig weggeräumte und das sorg-los wieder fallende Blatt stammen vom selben Baum. Die Erfahrung, die einer beim Säubern und beim Schütteln machen kann, ist ein und dieselbe.

Diese Geschichte hat mir geholfen, über meine anfängliche und vielleicht etwas subalterne Unlust an unserem Thema »Sprachkultur« weiterzukommen. Wie jeder, der sich durch Schul-Grammatik und Gutes Deutsch, durch mehrere Disziplinen von Sprachwissenschaft plagen mußte, habe ich Gründe für diese Unlust, die zum Ressentiment einladen. Es ist leicht, gegen die Versuche, ins Wasser Linien zu ziehen, die flüssige Natur des Wassers auszuspielen, diese Natur überhaupt erst in den Dichtern verkörpert zu finden und später, wenn man sich selber dazu zählt, für die eigene Arbeit in Anspruch zu nehmen – als Freiheit *vom* gepflegten, ja ganz besonders vom gepflegten Deutsch. Natürlich befindet man sich damit in großer und ansehnlicher Gesellschaft. Zum Selbstverständnis der auf deutsch Literaturtreibenden gehört ja seit dem 18. Jahrhundert, seit der Romantik, genauer genommen seit Martin Luther und Jakob Böhme der Anspruch, die eigene Sprache neu zu schöpfen und zu schaffen, sei's aus dem Heiligen Geist, sei's ab ovo oder gar ex nihilo – wobei »Nichts« soviel heißen will wie das gerade geläufige Deutsch oder die Dichtung der Andern. Einmal heißt dieses Nichts »tote Konvention« oder »Mode«, dann bloße Nachahmung fremd oder ausländisch genannter Vorbilder; oft heißt es auch – das geht uns schon näher an – Buchweisheit, Schulmeisterei, Regel-Richtigkeit. Heute hebt sich Sprache als Original auch von »Spracharmut« oder gar »Sprachlosigkeit« ab, oder sie empfiehlt sich gegen mechanische und erst recht gegen elektronische Kommunikation, Sprache als Ware und so weiter. Gemeinsam ist all diesen Absetzbewegungen und Selbstbehauptungen der Befund gesellschaftlichen Unglücks auf beiden Seiten, auch wenn es in der Regel nur als Kulturmangel der andern Seite beschrieben wird – als deutsche Misere oder falsches Bewußtsein. Auf deutsch muß »Autor« nichts Geringeres heißen als: Schöpfer; und weil die Gewohnheit, den Zustand der Sprache, gegen den er sich empört, barbarisch zu nennen ebenfalls eine deutsche Spezialität ist, legitimiert er sich gern mit den Insignien des Wilden. Da er vorgibt, sich auf keine Überlieferung stützen zu können, deren Abwandlung, Entwicklung erfreuen könnte – variatio delectat –, tritt der individuelle Kraft-Akt, die Einmaligkeit der heteronomen Schöpfung an die Stelle einer Tradition. Und dieses Selbstverständnis hat inzwischen selbst schon Tradition, ist ein Topos geworden.

Deutsche Autoren haben den Mangel, den sie zur Genie-Tugend stilisieren, freilich nicht nur vorgeschützt. Wer die deutsche Literatur neben die französische oder die angelsächsische hält, stellt ein eigentümliches Paradox fest. Jene Literaturen befinden sich offensichtlich in einem Kontinuum, dessen Brüche auf den ersten Blick auffälliger erscheinen können und das dennoch die Wahrnehmung vergangener Leistungen über große Zeiträume erlaubt. Shakespeares Stücke sind auf heutigen Bühnen zwar interpretationsbedürftig (und interpretationsfähig), aber es sind nie Kuriosa wie etwa diejenigen des Andreas Gryphius. Racine und Corneille sind erkennbar weit her, ihre Rhetorik, ihr Wertsystem liegen uns ferne. Aber sowenig repräsentativ sie sind, sie sind auf der heutigen Comédie Française präsentabel, ohne gewaltsamer Aktualisierung zu bedürfen, das macht: die französische Bühnensprache hat sich bei den größten – mit denen der deutschen Geschichte kaum vergleichbaren – Erschütterungen der politischen Kultur das Instrumentarium bewahrt, in dem ihre historisch und historisch gewordenen Inhalte vorgestellt werden können, und zwar in einer Form, die das Mea res agitur auch einem distanzierten Publikum wahrzunehmen erlaubt. Die eigenen Antiquitäten werden, durch eine Tradition gehütet, zum Gegenstand eines nicht nur antiquarischen Interesses. Dergleichen haben wir auf deutsch nicht; etwas grob gesagt, beschäftigen literarische Gegenstände, die älter sind als zweihundert Jahre, bei uns *nur* noch das akademische Interesse, und ein wohlbegründeter Kulturpessimismus würde diesen Zeitraum noch bedeutend enger fassen. Schon vom Expressionismus lebt heute schon eigentlich nichts mehr fort. Wir haben allenfalls eine aus Gipfeln, das heißt: glorreichen oder anrüchigen Einzelfällen bestehende literarische Vorgeschichte. Und da diesen Gipfeln die Täler und Ebenen fehlen, fehlt eigentlich auch das Gefühl für ihren Abstand, für die Realität der Topographie. Die Zwischenräume liegen sozusagen im Nebel historischer Bewußtlosigkeit. Auch im Vergleich mit der anderen an staatlichem Unglück vergleichbaren Kulturnation Europas, Italien, schneidet die deutsche Literatur unvorteilhaft ab. Denn die Italiener setzten das Gefühl für ihre nationale Identität, die es sowenig gab wie die deutsche, anders als die Deutschen auf eine literarische Kultur, die sie stellvertretend und darum um so intensiver pflegten. Wie stünde die deutsche Literatur da, wenn sie einen Dante als Maßstab ihrer Identität gehabt hätte! Aber sie hatte seinesgleichen: Wolfram von Eschenbach war keine geringere Kraft als Dante, nur ist er keiner geworden. Die Sprache des »Parzival«, die das Zeug gehabt hätte, zum Sammelpunkt einer Kulturgemeinschaft, zum Fundament einer Überlieferung höchster Eigenart und Raffinesse zu werden, ist heute die Sprache eines verschwundenen ostfränkischen Dialekts, zugänglich nur mit Hilfe von Wörterbüchern und philologischem Spezialwissen. Man muß auf deutsch bis zu Goethe gehen, um einen mit Dante vergleichbaren Katalysator kulturellen Selbstbewußtseins zu finden; jenen Goethe, dem die Tränen kamen, als er den sizilianischen Bootsmann – also einen Menschen des Vierten Standes – Verse Tassos rezitieren hörte; jenem Goethe, der, obwohl er wie keiner den Zusammenhang von Tradition und Dichtergröße verstand und reflektierte, selbst wieder zum unfreiwilligen Darsteller des deutschen Dilemmas wurde. Denn gerade der Klassikerkult, der ihm blühte, diente ja als Ersatzstoff *statt* einer Tradition und war weit entfernt, zur Maxime etwa staatlichen oder gar alltäglichen Handelns zu werden. Ja, gerade Goethe, der mögliche Traditionsstifter, wurde zum Solitär par excellence und damit zum Symbol einer Konvention des Exklusiven und des Bildungshochmuts, gegen den sich spätere Dichter, um ihrer Selbsterhaltung willen, wieder mit ihrer eigenen Radikalität wenden mußten. Es sagt fast alles, daß Goethes Wirkung dort, wo ihm selbst am meisten an einer gelegen war, wo er sie für möglich und lebensrettend hielt: im sorgfältigen Umgang mit der Natur, in einem organischen, zart empirischen Verständnis von Wissenschaft, in der Ehrfurcht vor dem Kind und der Universalität seiner Anlagen – daß diese Lebensbegründung in der Weisheit eigentlich nur bei den Anthroposophen, also im Zeichen der Sonderbarkeit, Ereignis geworden ist. Der Rest ist – nun ja: Literatur geblieben, gefeierte zwar, aber einsame.

Ein anderes Paradox der Tradition, dessen Fehlen man als deutschsprachiger Autor schmerzhaft bemerkt: ohne Tradition keine Revolution, auch nicht in der Literatur. Die skandalöse Neuheit Baudelaires, die hermetische Radikalität Mallarmés, die kühne Prosodie Gerald Manley Hopkins' konnte nur auf dem Hintergrund einer bewährten und bewahrten Formensprache als Umsturz derselben bemerkt werden. Und je länger der Umsturz her ist, desto deutlicher können wir in ihm auch das Gleitende, Übergängliche, ja die überwundene Form dialektisch Bewahrende wahrnehmen. Und, was Wunder, diese Neuheiten haben eben darum, anders als im Deutschen, Schule machen können. Der Surrealismus oder Futurismus stellen im Rückblick Stufen eines Weges dar, den das Bewußtsein der gebildeten Zeitgenossen, wenn auch verspätet, mitgegangen ist. Sie haben ein literarisches Corpus entwickelt, während wir in der deutschen Literaturgeschichte eher die Tendenz feststellen, den großen Dichter hinterher, um ihn großzusprechen, aus dem Kontext wieder zu lösen, in dem er seinen Zeitgenossen erschienen ist. Trakl oder Lasker-Schüler sollen schon qua Dichter heute keine Expressionisten mehr sein, von Kafka, Musil, Robert Walser zu schweigen, an denen je länger desto weniger ein Epochenetikett haften will. Sie sind wieder *hapax legomena*, unmittelbar zum Geist der Dichtung – die sich schon in diesem Verfahren wieder als sehr deutsche Dichtung, als abgetrennter Geist zu erkennen gibt. Bis vor wenigen Jahrzehnten wäre auf deutsch schwer vorstellbar gewesen, was im Französischen oder Englischen selbstverständlich ist: daß sich ein pointiert Moderner auf seinen Ahnen im 19. Jahrhundert beruft und seine Praxis an ihm mißt, Robbe-Grillet an Balzac, T.S. Eliot an John Donne. Das Reich der Weltliteratur, das Goethe hatte stiften wollen, war auf deutsch nicht von dieser Welt, eine Utopie, die ihre Nachfolger mit einem Fluch behängte. Wer dichtete wie Rilke, war sofort als Epigone erkennbar, wer schrieb wie Goethe, als Parodist und Bildungsphilister, wer nach China oder Persien ausschweifte, galt als exotisches Kuriosum. Die Kulturpolitik des Dritten Reiches hatte den Anspruch deutscher Eigen-Art, und damit einer eingeborenen Tradition, scheinbar endgültig diskreditiert, zur schlichten und schlechten Behauptung, einem Witz von böser Provinzialität verkommen lassen. Erst seit wenigen Jahrzehnten, seit der Gruppe 47 und ihren Folgen, beginnt sich, wenn ich nicht irre, ein neues Verhältnis zu den eigenen Wurzeln anzubahnen und mit der Anerkennung heilloser Brüche ein Gefühl für Zusammenhang zu bilden. Die Existenz einer DDR-Literatur, die das Andere im Eigenen, das Eigene im Andern ehrlich und phrasenlos zu sehen zwingt, mag einiges mit dieser Wende zu tun haben. Auf einmal beginnt auch das eigene Andere in der Vergangenheit, in der Literaturgeschichte, zwar nicht vertraut, aber präziser fremd, auf bewegende Art historisch, also annäherungsfähig und am Ende aktuell zu werden. Ich glaube im Ernst, daß es der deutschen Literatur seit Jahrhunderten nicht mehr so gutgegangen ist wie heute – *weil* sie es sich nicht wohl sein läßt in ihren Grenzen, den nationalen, den räumlichen und zeitlichen; weil sie ihre Sprache als Arbeit versteht, als ästhetische Arbeit an einer großen, ebenso schrecklichen wie fruchtbaren Unsicherheit der Werte, als Trauerarbeit an der gemeinsamen und trennenden Geschichte. Dem Undenkbaren alltäglich ausgesetzt, beginnt sie den Bestand der Dinge zu prüfen, aber auch mit andern Augen zu hüten. Um zu wissen, wohin sie geht, will sie besser wissen, woher sie kommt – historisch; und wo sie steht – politisch, sozial. So, nicht anders, bildet sich Kultur als etwas virtuell Ganzes, bildet sich literarische Tradition. Zum ersten Mal ist die Literatur nicht mehr unfreiwillig erhaben über die Historie, sondern sehenden Auges eingemischt in die Verhältnisse, von denen sie handelt – *in* denen sie handelt, wie symbolisch immer. Das symbolische Handeln der Zeichen, das wir literarische Qualität nennen, wird auch bei uns nicht mehr nur geringgeschätzt – oder nur hochgelobt ins sozial und politisch Hoffnungslose.

So weit, so erfreulich: endlich braucht die deutsche Literatur nicht mehr so weit her zu sein; braucht es nicht mehr so weit her zu sein mit ihrer internationalen Einsamkeit. Jetzt könnte sie also Kultursprache werden, durch Sprachkultur vermittelt werden und ihrerseits Sprachkultur vermitteln, wenn – ja, wenn sich die Randbedingungen der literarischen Sprache nicht überall so einschneidend geändert hätten; Randbedingungen, die natürlich auf ihr Selbstverständnis zurückschlagen. Die deutsche Literatur mag nicht mehr so einsam sein – dafür ist es die Literatur, die literarische Form, innerhalb aller Sprachgemeinschaften um so mehr. Es würde auch in England oder Frankreich viel Kühnheit und wenig Realitätssinn dazu gehören, die Sprache der Dichtung als sprachliche Norm, gewissermaßen als Leitsprache der jeweiligen Zivilisation auszugeben. Diese wird von ganz andern Kommunikationsmitteln und -medien geprägt – der Polemiker würde beifügen: um ihre Prägung gebracht. Und er würde den Begriff der Kommunikation darin zu Tode geritten, im echten Sinn nicht mehr anwendbar finden, auch wenn die Fernsehschirme in den Wohnzimmern sich immer mehr zu unentbehrlichen Terminals eines Waren- und Dienstleistungsverteilsystems und auch zu Arbeitsplätzen entwickeln. Dieser auf Zweiweg-Kommunikation schaltbare Zeichenträger ist der Nerv und die Nabelschnur der elektronischen Zivilisation; und ihre Zeichen, vom Medium vorprogrammiert, unterliegen andern Forderungen als denen nach Sprachkultur oder gar »Sprachpflege«. Ja, das Buch selbst, das klassische und wohl unverzichtbare Medium der literarischen Kultur, droht angesichts der mehr oder weniger fröhlichen, Unmittelbarkeit vortäuschenden Tasten- und Schalterverständigung obsolet zu werden. Wir scheinen auf eine Analphabetisierung großen und neuen Stils zuzugehen, die kein sozialer Nachteil, im Gegenteil: eine erwünschte Qualifikation ist. Was wir heute Literatur nennen, hat längst Formen von Reaktion und ein Bedürfnis nach Resistenz gegen die Sachzwänge der neuen Kommunikation angenommen. Kultur ist jetzt Widerstand gegen den bedingten Reflex, den die Medien fordern; ist Pflege anderer, für manche: anachronistischer, jedenfalls irrationaler Gewohnheiten; ist ein Streit für die Erhaltung der magischen, der sinnlichen Ladung der Zeichen. Der Gegenspieler dieser Kultursprache, und eigentlich schon mit ihr inkommensurabel, ist das BIT, die computergängige Informationseinheit. Die künstlerische Sprache opponiert der neuen elektronischen Kunstsprache.

Auf verlorenem Posten? An diesem Punkt ist es nicht ganz leicht, dem breitgetretenen Quark kultureller Wehleidigkeit zu entgehen. Dieser Weg ist nicht nur mit guten Vorsätzen, sondern auch mit Gemeinplätzen gepflastert und führt wohl nicht weniger zur Hölle – wenn nicht derjenigen Orwells und seines Newspeak, so der des sterilen kulturellen Hochmuts, dem die deutsche Literatur, wenn ich recht sehe, endlich entgangen ist. Soll sie nun gegen das elektronische Zeitalter als Reservat eines verzweifelten, allmählich sinnberaubten Privilegs wieder bezogen werden? Statuieren wir ein neues Pharisäertum der Medienverächter und Literatursnobs? Das wäre, fürchte ich, nur die Rettung in den Selbstmord.

Aber wie sähe die Alternative aus? Es ist ja nicht zu leugnen – und es sind schon nicht mehr nur die *Anfänge* an dieser Entwicklung, die wir erleben –, daß die technologischen Sprachensysteme auf die

Reduktion von Ausdrucksmöglichkeit angelegt sind. Das menschliche Glied in der elektronischen Kette wird zur Berechenbarkeit seiner Bedürfnisse und Lebensäußerungen, sozusagen zu einer statistischen Existenz angehalten. Es muß, um die Funktionstüchtigkeit und die *Sicherheit* des Systems zu gewährleisten, in hohem Grad funktionalisierbar, vom Sachzwang her bestimmbar sein. Diese Ansprüche ergeben sich aus der Natur – oder wollen wir's schon Kultur nennen? – des tragenden Systems, das in seinem Kern auf binäre Entscheidungen programmiert ist. Was nicht Ja ist, muß Nein sein, was nicht schwarz ist, weiß, was nicht Jacke, Hose. In der phantastischen Addierbarkeit dieser elektronischen Bausteine verschleiert der Apparat, daß er, auf allen Ebenen, nach dem primitiven System des ausgeschlossenen Dritten funktioniert, und vermag auch einer Entscheidung auf Grund falscher, ja unsinniger Prämissen die Weihe der Rationalität zu vermitteln. Wer in dieses System eingeweiht ist, und der Unkundige erst recht, pflegt nicht mehr darüber hinauszusehen. Er durchschaut seinen rein instrumentellen Charakter auch dann nicht mehr, wenn er vorgibt, ihn vorauszusetzen, und läßt sich von der Logik des Programms gefangennehmen wie das Eichhörnchen von der Trommel. Auf subtilere, gewaltlosere Weise, als Orwell vorausgesehen hat, schneidet der Apparat ihrer Verwirklichung den menschlichen Bedürfnissen ihre Optionen ab. Und es kann dahin kommen – es ist bei mancher Gruppe in der Gesellschaft schon dahin gekommen –, daß der Widerstand gegen die technische Ratio nicht nur folgenlos bleibt, sondern sprachlos, ja undenkbar wird.

Was kann Sprachkultur, also Sprachpflege, unter diesen Bedingungen heißen? In welcher Form orientiert sie sich an der Literatur? Wenn es wahr ist, daß Literatur der Sprachgebrauch bleibt, in dem die Form in der Funktion nicht aufgeht; in dem der Berechenbarkeit der Zeichen zuwidergehandelt oder gar gespottet wird; in dem die Option des Kommunikationspartners, des nicht ausgeschlossenen, sondern *geforderten* Dritten, offenbleibt; wenn es wahr ist, daß Literatur von Haus aus die auf Mehrdeutigkeit angelegte, eine emotionale, also komplexe Reaktion herausfordernde, von ihrem Eigenwillen her den Eigensinn des Spielpartners inspirierende Sprachform ist; wenn es am Ende zutrifft, daß die literarische Sprache in spielender Form Handlungs*möglichkeit* speichert, zuerst die Möglichkeit, *anders*, unvorhergesehen zu handeln – wenn das wahr ist (und ich glaube, es bleibt wahr), so hätte die Sprachpflege als alternative Kulturtechnik heute stärkere Gründe als jemals, sich an der Literatur zu orientieren. Dann könnte Sprachpflege fast ein Synonym für Lebensrettung geworden sein, und zwar auf allen Ebenen, von der intim-privaten über die öffentliche und politische bis zur globalen. Denn die Literatur schärft, durch ihre Art des Zeichengebrauchs, den Möglichkeitssinn gegenüber dem bedrohlich oder tödlich, vor allem stumpf und unempfindlich gewordenen Positiven. Wenn die Informationen, die ein Computer speichern kann, nicht weiterhelfen – und das können sie nicht, wenn ihre Grundannahmen täuschen –, dann findet sich im ganz anders beschaffenen, anders erworbenen Speicher der Literatur vielleicht eine andere Möglichkeit unserer Geschichte. Damit man ihr folgen, sie auch nur wahrnehmen kann, muß freilich das kulturelle Gedächtnis der Sender und Empfänger von Zeichen dieser Art erhalten bleiben. Und die Kompetenz zu ihrem Gebrauch erwirbt man sich nicht in der Literatur allein, in Büchern, sondern in der gestischen, beweglichen, sinnlichen Praxis persönlicher Ausdrucksmöglichkeiten. Diese aber bedarf freilich der Bücher, eines Corpus gepflegter Überlieferung.

Jan Willem van de Weterings Zen-Meister sollte mir und uns Mut machen zur Einsicht, daß auch Sprachpflege mehr ist als ein ordentlicher Garten. Daß sie ihren Namen erst dann verdient, wenn sie bereit ist, ihren Ordnungssinn vom Einfall einer neuen Realität überholen zu lassen. Erst dann bewährt er sich als Weisheit und ist nicht als Sisyphusarbeit disqualifiziert. Aber *diese* Ordnung, diese bewegliche Ordnung des Gärtners, auch wenn sie von Fall zu Fall komisch und angesichts der natürlichen Tücke seiner Objekte absurd scheinen wird, können wir nicht entbehren. Die Arbeit an unserem kulturellen Gedächtnis ist ein nie abgeschlossener, notwendiger Prozeß. Vielleicht erscheint seine Not-wendigkeit erst, wenn der Garten bedroht ist; dann zeigt sich, daß die Tätigkeit des Pflegers, *weil* sie ebenso symbolisch wie praktisch ist, die Maxime eines rettenden Einfalls für das Ganze enthält und überliefert. Natürlich muß man die Blätter nicht nur aufpicken, sondern auch fallenlassen können. Nur eine des Überholtwerdens fähige Sprachkultur entwickelt Sensoren und Schutzorgane, wenn der Baum stirbt, will sagen, wenn jene lebenswichtige

Fähigkeit, aus einem System auszubrechen, es zu überholen, an der Wurzel bedroht ist und verlorengehen könnte.

Als Schriftsteller wird man manchmal gefragt, welchem Autor man sich in der Arbeit verpflichtet oder verwandt fühlt. Gemeint sind dann meist Zeitgenossen, Kollegen, Moderne. Und gefragt wird – warum nicht – nach Einfluß, Vorbild, Prägung. Ich stelle an mir fest, daß ich unterscheiden muß: Verbunden und verpflichtet fühle ich mich jedem, der in meiner Reichweite eine lebendige und empfindliche Sprache schreibt. Vorbild sind sie mir alle nicht: wie könnte ein Kafka, ein Robert Walser, aber auch ein García Márquez, Beckett oder Grace Paley Vorbild sein. Der einzige, auf den diese Bezeichnung immer besser paßt, ist Goethe – bei dem das Unnachahmliche tatsächlich mit einer Haltung, mit einem Gestus, einer Vorsicht zusammengeht, die sich zur Nachahmung empfiehlt. Denn sie gehört nicht nur dem Genie, sie gehört dem Begriff der Kultur selbst an, ich möchte sagen: sie gehört zum Gleichgewichtssinn einer Kultur. Goethes naturwissenschaftliche Schriften beispielsweise sind mehr als Wissenschaft, sie sind praktizierte Weisheit, sehende und tätige Brüderlichkeit im Umgang mit der Natur, Zeugnisse eines Taktes, den wir nicht ungestraft verfehlen. Denn auch wir sind Natur, sind mit den Objekten unseres Interesses durch ein feines Netzwerk verbunden, das zu zerreißen, zu ignorieren schlimmer als kulturlos ist: es ist selbstmörderisch. Wir können nicht leben, wenn die Bäume sterben. Und *nicht* von den Bäumen zu reden, ist schlimmer als ein Verbrechen, es ist ein tödlicher Fehler, wenn wir wissen, wie sehr unser Atem vom Atem der Bäume abhängt. Wir können es wissen, mehr: wir können es bereits spüren; wir bekommen es als Notstand zu spüren, weil wir das freiwillige, das dankbare Gefühl für den Zusammenhang nicht aufgebracht, als Zivilisation unterdrückt haben, das für Goethe wissenschaftsnotwendig war, ja, Naturwissenschaft hieß: Respekt vor dem Objekt, unserem mitgeschaffenen Gegenbild, dem wir nichts antun können, ohne es uns selbst zu tun. Wenn es wahr ist, daß wir dem Geist gleichen, den wir begreifen – dann bleibt angesichts unserer Produkte, die uns mit dem Tod bedrohen, nur der Schluß übrig, daß es dem begreifenden Griff auf unsere Gegenstände am rechten Zartgefühl und am hinlänglichen Gefühl für unser eigenes Wohl gefehlt hat. Diesen anderen Griff spüre ich bei Goethe als menschlichen Takt im dichterischen Rhythmus; als Grundgestus eines rücksichtsvollen, deshalb vorsorglichen, darum auch gegenwartsbegabten Erdenbewohners. Wir finden es nicht mehr bloß skurril, daß es Goethes erste Maxime war, den Sinnen zu trauen – den Organen unserer Gegenstände in uns, den zuständigen, weil adäquaten, menschengerechten Richtern über Wahr und Falsch, Bekömmlich und Unfruchtbar. Denn unser Fortschritt ins Un-Sinnliche – von der Kernphysik bis zur Spitzenmedizin, vom Fernsehbild bis zur Betriebsrationalisierung – hat, vorsichtig gesprochen, unsere Kompetenz *nicht* bestätigt, mit Größen umzugehen, die sich unserem Gefühl entziehen. Wir haben, beim Griff ins Innere der Materie, bis zur Zertrümmerung ihrer Kerne, unsere Grenzen mitgesprengt und mit der Spaltung des A-tomon auch unser Bewußtsein als Zivilisationsteilnehmer gespalten. – Natürlich meine ich nicht, daß wir das bekannte Rad zurückdrehen, daß wir von Goethe materiell lernen können. Aber wir können von ihm lernen, unseren wahren Bedürfnissen nachzugehen und ihnen mehr zu trauen als den Leitbildern der Planer, die sich innerhalb einer Generation vor unseren Augen – und zu unserem Schaden – viel rascher, ganz anders überholt haben, als sich ein Aphorismus Lichtenbergs oder eine Maxime Goethes jemals überholen wird. Die Literatur ist deshalb das Medium, meine ich, in dem unsere Erkenntnisse und Einsichten über uns, unsere Zivilisation, am wenigsten altern. Denn nur in der Kunst ist ihnen ein Element des Spiels, des fortsetzbaren Spiels zugesetzt, das von der Materie, an der es vorgeführt wird, zwar nicht ganz zu trennen ist, sie aber doch zu einem symbolischen, das heißt auch immer noch verfügbaren Stoff des Interesses macht, wenn die Tatsachen, die er präsentiert, vergangen sind. In Walter Benjamins »Wahlverwandtschaften«-Aufsatz ist vom unvermeidlichen Auseinandertreten des Tatsachen- und des Wahrheitsgehalts einer Dichtung die Rede: von diesem Auseinandertreten sei ihre Unsterblichkeit abhängig. Diese Unsterblichkeit aber ist ihrerseits gebunden an die Einsicht nicht nur unserer Geschichtlichkeit, sondern unserer Sterblichkeit. Wir spüren vielleicht besser als Benjamins Zeitgenossen, was er meinte, wenn er die Dichtung gemessen wissen wollte an ihrem Potential zur *Erlösung* – eine Kategorie, die angesichts der sichtbaren Fixierung unserer Kultur auf ihren Ruin alles Überspannte verliert. Es ist durchaus die Frage, ob wir noch zu retten sind. Und auf die Zuversicht oder auch nur: die Sicherheit der Computer dürfte dabei nicht viel Verlaß sein. In der Literatur aber steht die Gefahr aufgeschrieben, in der größten Literatur: mit einem Sinn dafür, daß mit der Gefahr auch das Rettende wachse. Dieser Sinn für das Mögliche, im Schlimmsten und Besten immer noch Mögliche, ist seine eigene Prophetie; ist eine der wenigen Bürgschaften dafür, daß uns auch jenseits des Kunst-Rahmens Erlösendes gelingen kann. Sprachpflege ist jetzt eine Form der Selbsterhaltung, denn in der Sprache, zuerst der Sprache der Literatur, wird die Kompetenz zur Rettung – wenn es denn eine gibt – überliefert und geübt. Diese Sprache ist, in Ermangelung einer gnädigen Steuerung durch den Instinkt, die wir verloren haben oder von der wir verlassen sind, das Gefäß unseres bewahrenden Gedächtnisses an uns selbst, das Regulativ unseres Gleichgewichts als Kultur.

Die Zen-Geschichte zu Beginn soll belegen, daß es bei der Sprach-Pflege, die hier gemeint ist, nicht pflegerisch und pfleglich zugehen kann. Mit jedem Tag, der vergeht, mit jedem, der der letzte sein kann, wird sie ein kühneres Unternehmen. Es bedarf einer Vernunft von der Art der Meister, die auf den ersten Blick der Ratio entbehrt: denn wir müssen zusehen lernen, wie unsere Liebesmüh durch jedes neue Blatt, das vom Baum fällt, zuschanden wird. Wir müssen mit dieser Vernichtung unserer Arbeit sogar im Bunde sein. Nur dann ist es uns vielleicht gegeben, sie immer wieder, immer neu um ihrer selbst willen zu tun. Und nur was um seiner selbst, in der Liebe zur Sache als einer ganzen, getan wird, tun wir wirklich um unsertwillen und um des Menschen willen. Kant hat das Menschliche durch die Fraglosigkeit seines Selbstzwecks definiert: Für die Würde des Menschen gibt es keinen andern Grund als sie selbst, und sie wird verletzt, wenn der Mensch den Menschen zum Mittel für etwas anderes macht. Er ist nicht durch seine Funktion definierbar, und wenn er sich darin erschöpft, hört er auf, menschlich zu sein. Die Maxime dieses Handelns – oder auch dieses Verzichts auf Handlung – wurde von Kant nicht für ästhetische Gegenstände reserviert. Er verstand sie als Maßstab des Sozialen und Politischen. Aber wenn er im öffentlichen Raum verlorengeht, steht immer wieder das Kunstwerk dafür und bezeugt das Maß durch seinen Sprachgebrauch, selbst den maßlosen. Ein ästhetischer Gegenstand mag durch seine Grenzen zum Kunstwerk bestimmt sein; über unsere Möglichkeit, Wahrnehmung zu prüfen und zu üben – denn *aisthein* heißt wahrnehmen –, ist er nicht an diese Grenzen gebunden. In der Verallgemeinerung *und* in der Konkretisierung dessen, was das Kunstwerk fiktiv vollendet hat, wird aus einer Gesellschaft eine Kultur: eine Gemeinschaft, die das Ihre erkennen und pflegen lernt; die Kultur wird nicht durch das, was sie hat oder herstellt oder konsumiert, sondern durch das, was sie ist.

Nachweise

Anläßlich einer Umfrage nach Goethes Gedichten
Referat, gehalten am 21.3.1982 im Frankfurter Schauspielhaus

Goethe: Die Kultur als Ausnahme?
Vorwort zu Goethe, sein Leben in Bildern und Texten. Insel Verlag, Frankfurt am Main 1982

»Im Wasser Flamme« – Goethes grüne Wissenschaft
Vortrag, gehalten am 27.6.1985 in der Akademie der Wissenschaften und der Literatur, Mainz

Goethe als Emigrant. Zum »West-östlichen Divan«
Vortrag, gehalten im Theater am Turm, Frankfurt am Main 22.3.1982

»Bis zum Durchsichtigen gebildet«. »Wilhelm Meisters Wanderjahre«
Nachwort zu Goethe, Wilhelm Meisters Wanderjahre. insel taschenbuch 575, Frankfurt am Main 1982

»Der Mann von funfzig Jahren«
Nachwort zu Goethe, Der Mann von funfzig Jahren. insel taschenbuch 850, Frankfurt am Main 1985

Geburtstagsrede auf einen entfernten Bekannten
Rundfunkvortrag im Radio DRS, Studio Bern, 28.8.1968

Sprachkultur und Literatur
Vortrag im Institut für deutsche Sprache, Mannheim, am 14.3.1984, publiziert in: Akzente 3, 84, sowie im Jahrbuch des IdS, Düsseldorf 1985

Klassische deutsche Literatur im insel taschenbuch

Bettine von Arnim: Goethes Briefwechsel mit einem Kinde. Herausgegeben und eingeleitet von Waldemar Oehlke. Mit zeitgenössischen Abbildungen. it 767
– Die Günderode. Mit einem Essay von Christa Wolf. it 702
Ludwig Börne: Spiegelbild des Lebens. Aufsätze zur Literatur. Erweiterte Neuausgabe. Ausgewählt und eingeleitet von Marcel Reich-Ranicki. it 1578
Hermann Bote: Till Eulenspiegel. Ein kurzweiliges Buch aus dem Lande Braunschweig. Wie er sein Leben vollbracht hat. Sechsundneunzig seiner Geschichten. Herausgegeben, in die Sprache unserer Zeit übertragen und mit Anmerkungen versehen von Siegfried H. Sichtermann. Mit zeitgenössischen Illustrationen. it 336
Clemens Brentano: Gedichte. Erzählungen. Briefe. Herausgegeben von Hans Magnus Enzensberger. it 557
Georg Büchner: Lenz. Erzählung. Mit Oberlins Aufzeichnungen ›Der Dichter Lenz, im Steinthale‹, ausgewählten Briefen von J. M. R. Lenz und einem Nachwort von Jürgen Schröder. it 429
– Leonce und Lena. Ein Lustspiel. Mit farbigen Illustrationen von Karl Walser und einem Nachwort von Jürgen Schröder. it 594
– Woyzeck. Nach den Handschriften neu herausgegeben und kommentiert von Henri Poschmann. it 846
Gottfried August Bürger: Wunderbare Reisen zu Wasser und zu Lande. Feldzüge und lustige Abenteuer des Freiherrn von Münchhausen, wie er dieselben bei der Flasche im Zirkel seiner Freunde selbst zu erzählen pflegt. Mit den Holzschnitten von Gustave Doré. it 207
Wilhelm Busch: Kritisch-Allzukritisches. Gedichte. Ausgewählt und mit einem Nachwort von Theo Schlee. Mit Illustrationen von Wilhelm Busch. it 52
Adelbert von Chamisso: Peter Schlemihls wundersame Geschichte. Nachwort von Thomas Mann. Illustriert von Emil Preetorius. it 27
Matthias Claudius: Der Wandsbecker Bote. Mit einem Vorwort von Peter Suhrkamp und einem Nachwort von Hermann Hesse. it 130
Annette von Droste-Hülshoff: Die Judenbuche. Ein Sittengemälde aus dem gebirgichten Westfalen. Mit Illustrationen von Max Unold. it 399
– Sämtliche Erzählungen. Herausgegeben von Manfred Häckel. it 1521
– Sämtliche Gedichte. Mit einem Nachwort von Ricarda Huch. it 1092
Marie von Ebner-Eschenbach: Dorf- und Schloßgeschichten. Mit einem Nachwort von Joseph Peter Strelka. it 1272
Johann Peter Eckermann: Gespräche mit Goethe in den letzten Jahren seines Lebens. 2 Bde. Herausgegeben von Fritz Bergemann. it 500

161/1/3.95

Klassische deutsche Literatur im insel taschenbuch

Joseph von Eichendorff: Aus dem Leben eines Taugenichts. Mit Illustrationen von Adolf Schrödter und einem Nachwort von Ansgar Hillach. it 202

– Gedichte. Mit Zeichnungen von Otto Ubbelohde. Herausgegeben von Traude Dienel. it 255

– Gedichte. In chronologischer Folge herausgegeben von Hartwig Schultz. it 1060

– Novellen und Gedichte. Ausgewählt und eingeleitet von Hermann Hesse. it 360

Theodor Fontane: Briefe an Georg Friedlaender. Herausgegeben und mit einem Nachwort versehen von Walter Hettche. it 1565

– Cécile. Mit einem Nachwort von Walter Müller- Seidel. it 689

– Effi Briest. Mit 21 Lithographien von Max Liebermann. it 138, it 1637 und Großdruck. it 2340

– Frau Jenny Treibel oder ›Wo sich Herz zum Herzen findt‹. Roman. Mit einem Nachwort von Richard Brinkmann. it 746

– Grete Minde. Mit einem Nachwort von Peter Demetz. it 1157

– Herr von Ribbeck auf Ribbeck. Gedichte und Balladen. Herausgegeben von Gottfried Honnefelder. it 1446

– Irrungen, Wirrungen. Mit einem Nachwort von Walther Killy. it 771

– Jenseit des Tweed. Bilder und Briefe aus Schottland. Mit zahlreichen Abbildungen und einem Nachwort herausgegeben von Otto Drude. it 1066

– Kriegsgefangen. Erlebnisse 1870. Herausgegeben von Otto Drude. Mit zahlreichen Abbildungen. it 1437

– Mathilde Möhring. Mit einem Nachwort von Peter Demetz. it 1107

– Meine Kinderjahre. Autobiographischer Roman. Mit einem Nachwort von Otto Drude. it 705

– Die Poggenpuhls. Roman. it 1271

– Schach von Wuthenow. Erzählung aus der Zeit des Regiments Gendarmes. Mit einem Nachwort von Benno von Wiese. it 816

– Der Stechlin. Mit einem Nachwort von Walter Müller-Seidel. it 152

– Stine. Roman. Mit einem Nachwort von Peter Demetz. it 899

– Unwiederbringlich. Roman. it 1593

– Vor dem Sturm. Roman, aus dem Winter 1812 auf 13. Mit einem Nachwort von Hugo Aust. it 583

Georg Forster: Reise um die Welt. Herausgegeben und mit einem Nachwort von Gerhard Steiner. it 757

Das Gespensterbuch. Herausgegeben von Johann August Apel und Friedrich Laun. Ausgewählt von Robert Stockhammer. it 1388

161/2/3.95

Klassische deutsche Literatur im insel taschenbuch

Johann Wolfgang Goethe: Dichtung und Wahrheit. 3 Bde. in Kassette. Mit Bildmaterial. it 149-151

– Erotische Gedichte. Gedichte, Skizzen und Fragmente. Herausgegeben von Andreas Ammer. it 1225

– Faust. Erster Teil. Nachwort von Jörn Göres. Illustrationen von Eugène Delacroix. it 50

– Faust. Zweiter Teil. Mit Federzeichnungen von Max Beckmann. Mit einem Nachwort zum Text von Jörn Göres und zu den Zeichnungen von Friedhelm Fischer. it 100

– Gedichte. Sämtliche Gedichte in zeitlicher Folge. Herausgegeben von Heinz Nicolai. it 1400

Goethes Briefe an Charlotte von Stein. 3 Bde. in Kassette. Herausgegeben von Julius Petersen. it 1125

Goethes Gedanken über Musik. Eine Sammlung aus seinen Werken, Briefen, Gesprächen und Tagebüchern. Herausgegeben von Hedwig Walwei-Wiegelmann. Mit achtundvierzig Abbildungen, erläutert von Hartmut Schmidt. it 800

Goethes Liebesgedichte. Herausgegeben von Hans Gerhard Gräf mit einem Nachwort von Emil Staiger. it 275

– Hermann und Dorothea. Mit Aufsätzen von August Wilhelm Schlegel, Wilhelm von Humboldt, Georg Wilhelm Friedrich Hegel und Hermann Hettner. Mit zehn Kupfern von Catel. it 225

– Italienische Reise. Mit vierzig Zeichnungen des Autors. Herausgegeben und mit einem Nachwort versehen von Christoph Michel. it 175

– Tagebuch der Italienischen Reise 1786. Notizen und Briefe aus Italien. Mit Skizzen und Zeichnungen des Autors. Herausgegeben und erläutert von Christoph Michel. it 176

– Kampagne in Frankreich 1792. Belagerung von Mainz. Herausgegeben und mit einem Nachwort von Jörg Drews. Mit zeitgenössischen Abbildungen. it 1525

– Die Leiden des jungen Werther. Mit einem Essay von Georg Lukács und einem Nachwort von Jörn Göres. Mit zeitgenössischen Illustrationen von Daniel Nikolaus Chodowiecki und anderen. it 25

– Märchen. Der neue Paris. Die neue Melusine. Das Märchen. Herausgegeben und erläutert von Katharina Mommsen. it 825

– Der Mann von funfzig Jahren. Mit einem Nachwort von Adolf Muschg. it 850

– Maximen und Reflexionen. Text der Ausgabe von 1907 mit den Erläuterungen und der Einleitung Max Heckers. Nachwort von Isabella Kuhn. it 200

161/3/3.95

Klassische deutsche Literatur im insel taschenbuch

Johann Wolfgang Goethe: Novellen. Herausgegeben und mit einem Nachwort versehen von Katharina Mommsen. Mit Federzeichnungen von Max Liebermann. it 425

– Reineke Fuchs. Mit Stahlstichen nach Zeichnungen von Wilhelm Kaulbach. it 125

– Römische Elegien und Venezianische Epigramme. Herausgegeben von Regine Otto. it 1150

– Unterhaltungen deutscher Ausgewanderten. Mit einem Nachwort herausgegeben von Gert Ueding. it 1050

– Die Wahlverwandtschaften. Ein Roman. Erläuterungen von Hans-J. Weitz. Mit einem Essay von Walter Benjamin. it 1

– Die Wahlverwandtschaften. Ein Roman. Erläuterungen von Hans-J. Weitz. Mit einem Essay von Walter Benjamin. it 1639

– West-östlicher Divan. Mit Essays zum ›Divan‹ von Hugo von Hofmannsthal, Oskar Loerke und Karl Krolow. Herausgegeben und mit Erläuterungen versehen von Hans-J. Weitz. it 75

– Wilhelm Meisters Lehrjahre. Herausgegeben von Erich Schmitt. Mit sechs Kupferstichen von Catel, sieben Musikbeispielen und Anmerkungen. it 475

– Wilhelm Meisters Wanderjahre oder die Entsagenden. Mit einem Nachwort von Adolf Muschg. it 575

Der Briefwechsel zwischen Schiller und Goethe. 2 Bde. Herausgegeben von Emil Staiger. Mit Illustrationen. Bildkommentar von Hans-Georg Dewitz. it 250

Johann Wolfgang Goethe / Friedrich von Schiller: Sämtliche Balladen und Romanzen in zeitlicher Folge. Herausgegeben von Karl Eibl. it 1275

Goethes Reden. Herausgegeben und mit einem Nachwort versehen von Gert Ueding. it 1650

Manfred Wenzel: Goethe und die Medizin. Selbstzeugnisse und Dokumente. Mit zahlreichen Abbildungen. it 1350

Jeremias Gotthelf: Die schwarze Spinne. Mit Illustrationen von Renate Sendler-Peters. it 991

Hans Jakob Christoffel von Grimmelshausen: Der abenteuerliche Simplicissimus. Mit Zeichnungen von Fritz Kredel. it 739

Grimms Märchen, wie sie nicht im Buche stehen. Herausgegeben und erläutert von Heinz Rölleke. it 1551

Karoline von Günderode: Gedichte. Herausgegeben von Franz Josef Görtz. it 809

Johann Christian Günther: Die Gedichte. Herausgegeben von Franz-Heinrich Hackel. it 1702

161/4/3.95

Klassische deutsche Literatur im insel taschenbuch

Wilhelm Hauff: Märchen. Herausgegeben von Bernhard Zeller. Mit Illustrationen von Theodor Weber, Theodor Hosemann und Ludwig Burger. it 216

Johann Peter Hebel: Kalendergeschichten. Ausgewählt und mit einem Nachwort von Ernst Bloch. Mit neunzehn Holzschnitten von Ludwig Richter. it 17

– Schatzkästlein des rheinischen Hausfreundes. Nachdruck der Ausgabe von 1811 sowie sämtliche Kalendergeschichten aus dem »Rheinländischen Hausfreund« der Jahre 1808-1819. Herausgegeben und mit einem Nachwort versehen von Jan Knopf. it 719

Heinrich Heine: Buch der Lieder. Mit zeitgenössischen Illustrationen und einem Nachwort von E. Galley. it 33

– Deutschland. Ein Wintermärchen. Mit einem Nachwort von Joseph Peter Strelka. Anhang mit Bibliographie und einer Zeittafel. it 723

– Gedichte aus Liebe. In einer Auswahl von Thomas Brasch. it 1444

– Italien. Mit farbigen Illustrationen von Paul Scheurich. it 1072

– Neue Gedichte. it 1055

– Der Rabbi von Bacherach. Ein Fragment. Mit Illustrationen von Max Liebermann und einem Nachwort von Joseph A. Kruse. it 811

– Reisebilder. Mit einem Nachwort von Joseph A. Kruse und zeitgenössischen Illustrationen. it 444

– Romanzero. Mit einem Nachwort von Joseph A. Kruse und zeitgenössischen Illustrationen. it 538

Johann Gottfried Herder: Lesebuch. Zum 250. Geburtstag. Herausgegeben von Siegfried Hartmut Sunnus. Mit zahlreichen Abbildungen. it 1609

Friedrich Hölderlin: Gedichte. Herausgegeben und mit Erläuterungen versehen von Jochen Schmidt. it 781

– Hyperion oder Der Eremit in Griechenland. Herausgegeben und mit einem Nachwort versehen von Jochen Schmidt. it 365

– Die schönsten Gedichte. Ausgewählt und mit einem Nachwort versehen von Jochen Schmidt. it 1508

Hölderlin. Chronik seines Lebens mit ausgewählten Bildnissen. Herausgegeben von Adolf Beck. it 83

E. T. A. Hoffmann: Die Abenteuer der Silvester-Nacht. Mit farbigen Illustrationen von Monika Wurmdobler. it 798

– Die Elixiere des Teufels. Mit Illustrationen von Hugo Steiner-Prag. it 304

– Das Fräulein von Scuderi. Erzählung aus dem Zeitalter Ludwig des Vierzehnten. Mit Illustrationen von Lutz Siebert. it 410

161/5/3.95

Klassische deutsche Literatur
im insel taschenbuch

E. T. A. Hoffmann: Der goldne Topf. Ein Märchen aus der neuen Zeit. Mit 13 Illustrationen von Karl Thylmann. Herausgegeben und mit einem Nachwort von Jochen Schmidt. it 570
– Lebensansichten des Katers Murr nebst fragmentarischer Biographie des Kapellmeisters Johannes Kreisler in zufälligen Makulaturblättern. Mit Illustrationen von Maximilian Liebenwein. Mit Anmerkungen. it 168
– Nachtstücke. Mit einem Nachwort von Lothar Pikulik und Illustrationen von Renate Sendler-Peters. it 589
– Nußknacker und Mausekönig. Mit farbigen Illustrationen von Monika Wurmdobler. it 879
– Der Sandmann. Mit Illustrationen von Hugo Steiner-Prag und einem Nachwort von Jochen Schmidt. it 934
Alexander von Humboldt: Über das Universum. Die Kosmos-Vorträge 1827/28 in der Berliner Singakademie. Herausgegeben von Jürgen Hamel und Klaus-Harro Tiemann. it 1540
Jean Paul: Flegeljahre. Eine Biographie. Mit einem Nachwort von Hermann Meyer. it 873
– Leben des vergnügten Schulmeisterlein Maria Wutz in Auenthal. Eine Art Idylle. Mit einem Nachwort von Peter Bichsel. it 1685
– Siebenkäs. Blumen-, Frucht- und Dornenstücke oder Ehestand, Tod und Hochzeit des Armenadvokaten F. St. Siebenkäs im Reichsmarktflecken Kuhschnappel. Mit einem Nachwort von Hermann Hesse. it 980
– Titan. Mit einem Nachwort von Ralph-Rainer Wuthenow. it 671
Gottfried Keller: Der grüne Heinrich. Erste Fassung. 2 Bde. Mit Zeichnungen Gottfried Kellers und seiner Freunde. it 335
– Die Leute von Seldwyla. Vollständige Ausgabe der Novellensammlung. Mit einem Nachwort von Gerhard Kaiser. it 958
– Romeo und Julia auf dem Dorfe. Mit einem Kommentar und einem Nachwort von Klaus Jeziorkowski. it 756
Heinrich von Kleist: Die Marquise von O... Mit Materialien und Bildern zu dem Film von Eric Rohmer und einem Aufsatz von Heinz Politzer. Herausgegeben von Werner Berthel. Übersetzungen aus dem Französischen von Werner Berthel. it 299
– Michael Kohlhaas. Aus einer alten Chronik. Mit einem Nachwort von Jochen Schmidt. it 1352
– Der zerbrochne Krug. Ein Lustspiel. it 171
August Klingemann: Nachtwachen von Bonaventura. Mit Illustrationen von Lovis Corinth. Herausgegeben und mit einem Nachwort versehen von Jost Schillemeit. it 89

161/6/3.95

Klassische deutsche Literatur
im insel taschenbuch

Johann C. Lavater: Von der Physiognomik und Hundert physiognomische Regeln. Herausgegeben und mit einem Nachwort von Karl Riha und Carsten Zelle. Mit zahlreichen Abbildungen. it 1366

Jakob Michael Reinhold Lenz: Werke und Briefe in drei Bänden. Herausgegeben von Sigrid Damm. it 1441-1443 (nur als Kassette lieferbar)

Band 1: Dramen. Übersetzungen. Herausgegeben von Sigrid Damm. it 1441 (vergriffen)

Band 2: Prosadichtungen, Übertragungen, Theoretische Schriften. Herausgegeben von Sigrid Damm. it 1442

Band 3: Gedichte und Briefe. Herausgegeben von Sigrid Damm. it 1443

Gotthold Ephraim Lessing: Dramen. Mit einem Nachwort herausgegeben von Kurt Wölfel. it 714

Georg Christoph Lichtenberg: Aphorismen. In einer Auswahl. Herausgegeben und mit einem Nachwort versehen von Kurt Batt. it 165

– Sudelbücher. Herausgegeben von Franz H. Mautner. Mit einem Nachwort, Anmerkungen zum Text, einer Konkordanz der Aphorismen-Nummern und einer Zeittafel. it 792

Liselotte von der Pfalz: Briefe. Herausgegeben und eingeleitet von Helmuth Kiesel. Mit zeitgenössischen Portraits. it 428

Märchen der Romantik. Mit zeitgenössischen Illustrationen. Herausgegeben von Maria Dessauer. it 285

Meister Eckhart: Das Buch der göttlichen Tröstung. Ins Neuhochdeutsche übertragen von Josef Quint. it 1005

Conrad Ferdinand Meyer: Jürg Jenatsch. Eine Bündnergeschichte. Mit einem Nachwort von Reto Hänny. it 862

Eduard Mörike: Die Historie von der schönen Lau. Mit Illustrationen von Moritz von Schwind und einem Nachwort von Traude Dienel. it 72

– Maler Nolten. Novelle in zwei Teilen. Erste Fassung. Mit zeitgenössischen Illustrationen und einem Nachwort von Wolfgang Vogelmann. it 404

– Mozart auf der Reise nach Prag. Eine Novelle. Mit Illustrationen von Hugo Steiner-Prag und einem Nachwort von Traude Dienel. it 376 und Großdruck. it 2320

– Eduard Mörikes schönste Erzählungen. Ausgewählt und mit einem Nachwort versehen von Hermann Hesse. Redaktion: Volker Michels. it 1290

Karl Philipp Moritz: Anton Reiser. Ein psychologischer Roman. Mit einem Nachwort von Max von Brück. it 433

161/7/3.95

Klassische deutsche Literatur im insel taschenbuch

Karl Philipp Moritz: Moritz-Lesebuch. Herausgegeben von Horst Günther. Mit zahlreichen Abbildungen. it 1504

Friedrich de la Motte-Fouqué: Undine. Ein Märchen von Friedrich de la Motte-Fouqué. Musik von E.T.A. Hoffmann. Mit Bildern von Karl Friedrich Schinkel. Mit einem Essay von Ute Schmidt-Berger. it 1353

Wilhelm Müller: Die Winterreise und andere Gedichte. Herausgegeben von Hans-Rüdiger Schwab. Mit einem Vorwort von Christian Elsner. it 901

Johann Karl August Musäus: Rübezahl. Für die Jugend von Christian Morgenstern. Mit Illustrationen von Max Slevogt. it 73

Johann Nepomuk Nestroy: Komödien. Herausgegeben von Franz H. Mautner. it 1742

Friedrich Nietzsche: Gedichte. Herausgegeben von Karl Riha. it 1622

Novalis: Aphorismen. Herausgegeben von Michael Brucker. it 1434

– Gedichte. Die Lehrlinge zu Sais – Dialogen und Monolog. Mit einem Nachwort von Jochen Hörisch. it 1010

– Heinrich von Ofterdingen. Herausgegeben von Jochen Hörisch. Mit zeitgenössischen Abbildungen. it 596

Hermann von Pückler-Muskau: Andeutungen über Landschaftsgärtnerei. Herausgegeben von Günter J. Vaupel. Mit zahlreichen Abbildungen und einem farbigen Bildteil. it 1024

– Briefe eines Verstorbenen. Ein fragmentarisches Tagebuch. 2 Bände in Kassette. Herausgegeben von Günter J. Vaupel. Mit zahlreichen Abbildungen. it 1219

Wilhelm Raabe: Die Akten des Vogelsangs. it 888

– Die Chronik der Sperlingsgasse. Mit Handzeichnungen Wilhelm Raabes. it 370

Friedrich Rückert: Ausgewählte Werke. 2 Bände in Kassette. Herausgegeben von Annemarie Schimmel. it 1022

– Kindertodtenlieder. Mit einer Einleitung neu herausgegeben von Hans Wollschläger. it 1545

Ferdinand von Saar: Novellen aus Österreich. it 906

Friedrich von Schiller: Der Geisterseher. Und andere Erzählungen. Mit einer Einleitung von Emil Staiger und Erläuterungen von Manfred Hoppe. Mit zeitgenössischen Illustrationen. it 212

– Wallenstein. Ein dramatisches Gedicht. Wallensteins Lager – Die Piccolomini – Wallensteins Tod. Herausgegeben von Herbert Kraft. Mit einem Nachwort von Oskar Seidlin. it 752

Friedrich Schlegel: Lucinde. Ein Roman. Mit Radierungen von M. E. Philipp und einem Nachwort von Wolfgang Paulsen. it 817

161/8/3.95

Klassische deutsche Literatur im insel taschenbuch

Arthur Schopenhauer: Aphorismen zur Lebensweisheit. Vollständige Ausgabe mit Erläuterungen und Übersetzung der fremdsprachigen Zitate. Mit einem Nachwort von Hermann von Braunbehrens. Mit 16 Daguerreotypen und Fotos und Bilderläuterungen von Arthur Hübscher. it 223

Heinrich Seidel: Leberecht Hühnchen. Prosa-Idyllen. it 786

Adalbert Stifter: Aus dem alten Wien. Zwölf Erzählungen. Herausgegeben von Otto Erich Deutsch. Mit farbigen Abbildungen. it 959

– Bergkristall. Und andere Erzählungen. it 438

– Erzählungen. Ausgewählt und mit einem Nachwort versehen von Hermann Hesse. it 1314

– Der heilige Abend. Mit farbigen Illustrationen von Monika Wurmdobler. it 699

– Der Hochwald. Mit einem Nachwort von Wolfgang Frühwald. it 1197

– Die Mappe meines Urgroßvaters. Mit einem Nachwort von Peter Suhrkamp. it 1743

– Der Nachsommer. Mit einem Essay von Hugo von Hofmannsthal. it 653

Theodor Storm: Gesammelte Werke. 6 Bde. Herausgegeben von Gottfried Honnefelder. it 731-736

Band 1: Gedichte. it 731
Band 2: Immensee und andere Novellen. it 732
Band 3: Pole Poppenspäler und andere Novellen. it 733
Band 4: Carsten Curator und andere Novellen. it 734
Band 5: Hans und Heinz Kirch und andere Erzählungen. it 735
Band 6: Der Schimmelreiter. it 736

– Am Kamin und andere unheimliche Geschichten. Mit Illustrationen von Roswitha Quadflieg. Ausgewählt und mit einem Nachwort von Gottfried Honnefelder. it 143

– Der Schimmelreiter. Mit Zeichnungen von Hans Mau und einem Nachwort von Gottfried Honnefelder. it 1643 und Großdruck. it 2318

– Unter dem Tannenbaum. Mit Illustrationen der Erstausgabe von Otto Speckter und Ludwig Pietsch. Herausgegeben von Gottfried Honnefelder. it 1042

Ludwig Tieck: Märchen und Novellen. Ausgewählt und mit einem Nachwort versehen von Hermann Hesse. it 1061

161/9/3.95

Französische Literatur im insel taschenbuch

Alain: Sich beobachten heißt sich verändern. Betrachtungen. Auswahl, Übersetzung und Nachwort von Franz Josef Krebs. Neuübersetzung. it 1559

Honoré de Balzac: Eugénie Grandet. Aus dem Französischen von Gisela Etzel. Herausgegeben von Eberhard Wesemann. it 1127 und it 1632

– Die Frau von dreißig Jahren. Aus dem Französischen übertragen von Werner Blochwitz. it 460

– Glanz und Elend der Kurtisanen. Aus dem Französischen von Felix Paul Greve. it 1232

– Tolldreiste Geschichten. Aus dem Französischen von Benno Rüttenauer. Mit Illustrationen von Gustave Doré. it 911

– Vater Goriot. Aus dem Französischen von Franz Hessel. Herausgegeben von Erika Wesemann. it 1167

Charles Baudelaire: Die Blumen des Bösen. Übertragen von Carlo Schmid. it 120

Pierre Augustin Caron de Beaumarchais: Die Figaro-Trilogie. Der Barbier von Sevilla oder Die nutzlose Vorsicht. Der tolle Tag oder Figaros Hochzeit. Die Schuld der Mutter oder Ein zweiter Tartuffe. Deutsch von Gerda Scheffel. Nachwort von Norbert Miller. Mit zeitgenössischen Illustrationen. it 228

George Clémenceau: Claude Monet. Betrachtungen und Erinnerungen eines Freundes. Mit farbigen Abbildungen und einem Nachwort von Gottfried Boehm. it 1152

Alphonse Daudet: Briefe aus meiner Mühle. Aus dem Französischen von Alice Seiffert. it 446

– Tartarin von Tarascon. Die wunderbaren Abenteuer des Tartarin von Tarascon. Mit 45 Zeichnungen von Emil Preetorius. it 84

Denis Diderot: Die Nonne. Mit einem Nachwort von Robert Mauzi, die Übersetzung des Nachworts besorgte Margaret Carroux. it 31

Alexandre Dumas fils: Die Kameliendame. Aus dem Französischen von Walter Hoyer. Mit Illustrationen von Paul Gavarni. it 546 und it 1635

Alexandre Dumas père: Die drei Musketiere. Aus dem Französischen von Herbert Bräuning. it 1131

– Der Graf von Monte Christo. 2 Bde. Bearbeitung einer alten Übersetzung von Meinhard Hasenbein. Mit Illustrationen von Pavel Brom und Dagmar Bromova. it 266

Dominique Fernandez: Süditalienische Reise. Aus dem Französischen von Julia Kirchner. Mit farbigen Fotografien von Martin Thomas. it 1076

152/1/3.95

Französische Literatur im insel taschenbuch

Gustave Flaubert: Bouvard und Pécuchet. Aus dem Französischen übersetzt von Georg Goyert. Mit Illustrationen von András Karakas. Mit einem Vorwort von Victor Brombert und einem Nachwort von Uwe Japp. it 373

– Lehrjahre des Gefühls. Geschichte eines jungen Mannes. Übertragen von Paul Wiegler. Mit einem Essay und einer Bibliographie von Erich Köhler. it 276

– Madame Bovary. Revidierte Übersetzung aus dem Französischen von Arthur Schurig. it 167 und it 1636

– November. Aus dem Französischen übersetzt von Ernst Sander. Mit einem Nachwort von Monika Bosse. it 411

– Salammbô. Herausgegeben und mit einem Nachwort versehen von Monika Bosse und André Stoll. Aus dem Französischen übersetzt von Georg Brustgi. it 342

– Ein schlichtes Herz und andere Erzählungen. Aus dem Französischen von Cora van Kleffens und André Stoll. Großdruck. it 2314

Choderlos de Laclos: Schlimme Liebschaften. Mit 14 Kupferstichen. Übertragen und eingeleitet von Heinrich Mann. it 12

Jean de La Fontaine: Die schönsten Fabeln. Aus dem Französischen von Thomas Keck. Mit farbigen Illustrationen von Rolf Köhler und einem Nachwort von Jürgen von Stackelberg. it 1451

Gaston Leroux: Die blutbefleckte Puppe. Aus dem Französischen von Annegret Sellier. it 1567

Guy de Maupassant: Bel-Ami. Aus dem Französischen von Josef Halperin. Mit zeitgenössischen Illustrationen. it 280

Prosper Mérimée: Carmen. Mit Zeichnungen von Pablo Picasso. Aus dem Französischen übersetzt von Franz Schnabel. it 361

Honoré-Gabriel Mirabeau: Der gelüftete Vorhang oder Lauras Erziehung. Aus dem Französischen von Eva Moldenhauer. Nachbemerkung von Norbert Miller. it 32

Molière: Der eingebildete Kranke. Aus dem Französischen von Johanna Walser und Martin Walser. it 1014

– Der Menschenfeind. Nach dem Französischen des Molière von Hans Magnus Enzensberger. it 401

Michel de Montaigne: Essais. Herausgegeben und mit einem Nachwort versehen von Ralph-Rainer Wuthenow. Revidierte Fassung der Übertragung von Johann Joachim Bode. it 220

– Tagebuch einer Reise durch Italien. Aus dem Französischen von Otto Flake. it 1074

Blaise Pascal: Größe und Elend des Menschen. Aus den »Pensées«. Auswahl, Übersetzung und Nachwort von Wilhelm Weischedel. it 441

152/2/3.95

Französische Literatur im insel taschenbuch

Marthe Princesse Bibesco: Begegnung mit Marcel Proust. Aus dem Französischen von Eva Rechel-Mertens. it 1349

Renate Wiggershaus: Marcel Proust. Leben und Werk in Texten und Bildern. it 1348

François Rabelais: Gargantua und Pantagruel. Mit Illustrationen von Gustave Doré. Herausgegeben von Horst und Edith Heintze. Erläutert von Horst Heintze und Rolf Müller. 2 Bände. Übersetzung auf Grund der maßgebenden französischen Ausgabe, unter Benutzung der deutschen Fassung von Ferdinand Adolf Gelbcke. it 77

Arthur Rimbaud: Sämtliche Werke. Französisch und deutsch. Übertragen von Sigmar Löffler und Dieter Tauchmann. Mit Erläuterungen zum Werk und einer Chronologie zum Leben Arthur Rimbauds, neu durchgesehen von Thomas Keck. it 1398

Jean-Jacques Rousseau: Bekenntnisse. Aus dem Französischen von Ernst Hardt. Mit einer Einführung von Werner Krauss. it 823

Marquis de Sade: Justine oder Die Leiden der Tugend. Mit einem Essay von Albert Camus. Aus dem Französischen von Raoul Haller. it 1257

– Verbrechen der Liebe. Heroische und tragische Novellen. Aus dem Französischen von Christian Barth. it 1448

George Sand: Geschichte meines Lebens. Aus ihrem autobiographischen Werk ausgewählt und mit einer Einleitung versehen von Renate Wiggershaus. it 313

– Indiana. Aus dem Französischen von A. Seubert. Mit einem Essay von Annegret Stopczyk. it 711

– Lélia. Aus dem Französischen von Anna Wheill. Mit einem Essay von Nike Wagner. it 737

– Lucrezia Floriani. Roman. Aus dem Französischen von Anna Wheill. it 858

– Das Teufelsmoor. Aus dem Französischen von Helene und Herbert Kühn. Mit Illustrationen von Tony Johannot. it 943

Misia Sert: Pariser Erinnerungen. Aus dem Französischen von Hedwig Andertann. Mit einem Bildteil. it 1180

Anne Germaine Madame de Staël: Über Deutschland. Vollständige und neu durchgesehene Fassung der deutschen Erstausgabe von 1814 in der Gemeinschaftsübersetzung von Friedrich Buchholz, Samuel Heinrich Catel und Julius Eduard Hitzig. Herausgegeben und mit einem Nachwort versehen von Monika Bosse. Mit einem Register, Anmerkungen und einer Bilddokumentation. it 623

Stendhal: Die Kartause von Parma. Vollständige Ausgabe. Aus dem Französischen von Arthur Schurig. it 1222

152/3/3.95

Französische Literatur im insel taschenbuch

Stendhal: Rot und Schwarz. Vollständige Ausgabe. Aus dem Französischen von Arthur Schurig. Mit einem Nachwort von Uwe Japp. it 1210 und it 1642

– Über die Liebe. Vollständige Ausgabe. Aus dem Französischen und mit einer Einführung von Walter Hoyer. it 124

Paul Verlaine: Poetische Werke. Französisch und deutsch. Übertragen von Sigmar Löffler. it 1556

François Villon: Sämtliche Dichtungen. Zweisprachige Ausgabe. Aus dem Französischen von Walther Küchler. it 1039

Voltaire: Candide oder der Optimismus. Mit Zeichnungen von Paul Klee. it 11

– Sämtliche Romane und Erzählungen. Mit einer Einleitung von Victor Klemperer und Stichen von Moreau le jeune. Aus dem Französischen übersetzt von Ilse Lehmann. it 209

Emile Zola: Das Geld. Aus dem Französischen von Leopold Rosenzweig. it 1749

– Germinal. Aus dem Französischen von Armin Schwarz. Mit Illustrationen von Renate Sendler-Peters. it 720

– Nana. Aus dem Französischen und mit einem Nachwort versehen von Erich Marx. Illustrationen von Renate Sendler-Peters. it 398 und it 1646

– Thérèse Raquin. Aus dem Französischen von Ernst Hardt. it 1146

152/4/3.95